网球技巧和教学：技与力的共舞

杨桂志◎著

中国戏剧出版社
CHINA THEATRE PRESS

图书在版编目（CIP）数据

网球技巧和教学：技与力的共舞 / 杨桂志著.
北京：中国戏剧出版社，2024.7. -- ISBN 978-7-104-05551-8

Ⅰ．G845.2

中国国家版本馆CIP数据核字第2024LX1351号

网球技巧和教学：技与力的共舞

责任编辑：周忠建
责任印制：冯志强

出版发行	中国戏剧出版社
出 版 人	樊国宾
社　　址	北京市西城区天宁寺前街2号国家音乐产业基地L座
邮　　编	100055
网　　址	www.theatrebook.cn
电　　话	010-63385980（总编室）　　010-63381560（发行部）
传　　真	010-63381560

读者服务：010-63381560
邮购地址：北京市西城区天宁寺前街2号国家音乐产业基地L座

印　　刷	廊坊市印艺阁数字科技有限公司
开　　本	787mm×1092mm　1/16
印　　张	11.25
字　　数	235千字
版　　次	2024年7月　北京第1版第1次印刷
书　　号	ISBN 978-7-104-05551-8
定　　价	68.00元

版权专有，违者必究；如有质量问题，请与出版社联系调换。

前　言

　　网球是一项具有悠久历史和广泛影响力的体育项目，它以独特的技术要求和激烈的竞争闻名于世。从草地到红土，从硬地到人工草坪，网球的比赛场地五花八门，但无论在何种球场上，人们都能看到运动员的技艺与力量完美共舞的壮丽画面。自网球运动诞生并成熟以来，许多运动学者都致力于探索和展现这项运动，深入研究运动员所表现出的优雅与力量。通过对网球运动的全面分析，研究者解构这项千变万化而又富有活力的运动，揭示它蕴藏的精神内涵和奇妙之处。

　　技术是网球的核心，每一次高难度的击球、精妙的回球都离不开运动员的精确控制和灵活应对。优秀的网球选手需要具备卓越的手眼协调能力、准确的判断力和快速的反应能力。他们通过细腻的球感和精准的球路规划，在比赛中展现出高超的技术水平，而这些技术功底，则需要经过长时间的训练和反复的历练，才能在赛场上游刃有余。

　　与此同时，与技术相辅相成的是力量。网球运动在发展的过程中越来越强调运动员身体素质的重要性。通过科学的训练，运动员不断提升自身的力量水平，以应对激烈而长时间的比赛。他们的爆发力、耐力和速度成为他们在场上的有力武器，帮助他们完成各种高难度的动作。正是这股强大的力量支撑着他们在比赛中拼尽全力、奋勇争先。

　　就现阶段我国网球运动的发展情况来看，我们有必要具体探讨技术与力量在网球运动中的深刻交融与相互影响，从而帮助运动员群体更好地理解这项运动的内涵与特点。通过研究优秀选手的技术细节和对身体素质的培养过程，能够更加全面地了解他们如何在竞技场上展现出独特的风采。

　　本书共分为五章。第一章为网球运动概述，主要包括：网球相关介绍，网球运动的装备及基础设施、礼仪及注意事项，网球规则要点与裁判要点，网球竞赛与组织安排。第二章是网球运动的新发展，主要包括网球运动新环境、网球运动与当代文化、网球运动与全民健身三部分内容。第三章的论述核心是网球运动中的素质训练与作战技术，包括网球运动中的灵敏度训练、网球运动中的柔韧度训练、网球运动中的速度训练、网球运动中的作战技术四部分内容。第四章重点分析网球运动中的力量训练，包括网球运动中的基本力量训练、网球运动中的耐力训练两部分内容。第五章为网球运动中技巧与力量的结合，从击球中的技巧与力量、发球中的技巧与力量、随击球和反弹球中的技巧与力量三方面展开分析。

  在撰写本书的过程中，笔者参考了大量的学术文献，得到了许多专家学者的帮助，在此表示真诚感谢。由于笔者水平有限，书中难免有疏漏之处，希望广大同人及时指正。

杨桂志
2023 年 7 月

目 录

前 言 ··· 1

第一章 网球运动概述 ··· 001
 第一节 网球相关介绍 ··· 002
 第二节 网球运动的装备及基础设施、礼仪及注意事项 ································ 023
 第三节 网球规则要点与裁判要点 ··· 041
 第四节 网球竞赛与组织安排 ··· 051

第二章 网球运动的新发展 ··· 055
 第一节 网球运动新环境 ··· 056
 第二节 网球运动与当代文化 ··· 058
 第三节 网球运动与全民健身 ··· 082

第三章 网球运动中的素质训练与作战技术 ································ 115
 第一节 网球运动中的灵敏度训练 ··· 116
 第二节 网球运动中的柔韧度训练 ··· 118
 第三节 网球运动中的速度训练 ··· 120
 第四节 网球运动中的作战技术 ··· 123

第四章 网球运动中的力量训练 ··· 131
 第一节 网球运动中的基本力量训练 ··· 132
 第二节 网球运动中的耐力训练 ··· 136

第五章　网球运动中技巧与力量的结合·················141
　　第一节　击球中的技巧与力量·················142
　　第二节　发球中的技巧与力量·················153
　　第三节　随击球和反弹球中的技巧与力量·················162

参考文献·················168

第一章

网球运动概述

本章为网球运动概述,主要包括四个方面的内容:网球相关介绍,网球运动的装备及基础设施、礼仪及注意事项,网球规则要点与裁判要点,网球竞赛与组织安排。

第一节 网球相关介绍

起源于法国的网球运动在12—13世纪开始流行，随后于1358—1360年引入英国，逐渐成为英国上流社会一种非常受欢迎的娱乐活动。在英国网球运动曾被称为"贵族运动"。网球运动的形成源于一个名为哈利·梅姆的英国人，他兴建了草地网球场，并成立了网球俱乐部。1873年，英国人温菲尔德对早期的网球打法进行改良，并将其发展成一项"夏季草坪上的娱乐活动"，命名为"草地网球"，他也因此被誉为"近代网球之父"。

温菲尔德还出版了一本名为《草地网球》的小册子，其中介绍了关于这项运动的具体内容，从此草地网球被推广开来。1875年，网球比赛的规则问世，它是由英国的一个板球俱乐部制定的。随后在1877年7月，该俱乐部首次举办了温布尔登男子网球单打比赛。从此，网球从一种娱乐性质的游戏，转变为一项具有竞技性质的运动项目。目前，网球运动已在全球范围内流行，并被公认为世界非常流行的运动之一。

一、网球的起源

网球常被人们称作一种文明、高雅的运动，相比许多运动项目，它所包含的有价值的元素更多。这是因为它从贵族阶层兴起，并在上层社会中广泛传播，同时在传承的过程中吸收了丰富的人类文明智慧。

在网球运动发展的最初阶段，尽管它的玩法在任何地方都是大同小异的，但不同的国家，赋予了其不同的名字。早期在英国被称为tennis；在美国则被称为court tennis；法国称其为jeu de paume（handball）；在澳大利亚被称为royal tennis。不同的名称起因于各国不同的网球发展历史，但早在12世纪之前，网球运动的前身"掌球戏"便已在法国成形，可以说法国是网球运动的源头。

在12—13世纪的法国，传教士为了让教堂生活更加丰富多彩，经常在教堂的回廊里击打一种形状像球的东西，起初是对着墙打，后来变成了双人对打，有时会在两人之间拉一根绳子作为分界线。这项在法国广受欢迎的"掌球戏"可以认为是古代室内网球的前身。随着"掌球戏"在各地流行，这项游戏很快传播到了法国宫廷，成为贵族非常喜欢的一种娱乐活动。

他们最初玩这个游戏的场地是室内，随着时间的推移，游戏场地由室内转移到户外。人们会选择一个空旷的场地，在中间架起一根绳子，两人分别站在绳子两侧，然后用手掌击打着布球，球内的填充物是头发。13世纪，法国国王路易五世将这项运动规定为王室专属活动，不允许平民参与这项活动。由于网球需要高标准的场地、球拍和球，再加上上述历史背景，网球运动被视为"贵族运动"。

14世纪中叶，法国的王储向英国的亨利五世赠送了被用于这种游戏的球，这种游戏就开始在英国流行起来了。这种类型的球以埃及坦尼斯镇出产的有名的绒布——斜纹法兰绒为表面，它被英国人称为"tennis"，并被沿用至今，现代网球仍保留着柔软的绒面。英国国王爱德华三世对网球表现出浓厚的兴趣，甚至下令在宫廷内建造一块室内网球场，对球和球拍都进行了改良，球拍的拍面改用羊皮，球面也不用布料而改用皮料，此外，场地中央的绳子也被替换成了球网。关于球的大小和重量没有详细记录。15世纪，穿弦的球拍出现了。到了16世纪，法国将古式室内网球视为国球。自此以后，古式室内网球运动在欧洲各国，特别是英国，实现了不错的发展，并且有了专属于自己的规则。

1873年，英国少校温菲尔德受到羽毛球运动的启发，发明了一种适合户外且男女均可参与的网球运动，最初被命名为司法泰克运动。同一年，他出版了《草地网球》，书内详细介绍了一套接近于现代网球的打法。1874年，他又对球网的尺寸进行了规范，并在英国举办了一场草地网球比赛。随着这项运动的流行，1875年全英槌球俱乐部增设了一块草地网球场。玛利博恩板球俱乐部是古式网球运动的权威组织者，其为该运动制定了一系列规则。

草地网球运动在1877年被引入伦敦郊外的温布尔登，之后在英国迅速发展起来。那年的7月份，第一届草地网球锦标赛，也就是第一届温布尔登男子网球单打比赛成功举办。这次比赛采用了全新的规则，规则由亨利·琼斯和另外两人共同设计，而亨利·琼斯则担任了比赛的裁判。那个时候球场的形状是矩形的，长度为23.77米，宽度为8.23米，直到今天，网球球场依然是这种规格。在发球时，一只脚可以站在端线前，另一脚则可站在端线后。球网的中央高度是0.99米，而发球线距离球网有7.92米。在发球时，首次失误不会被扣分。比赛规则采用古式室内网球的0、15、30、45每局计分法。亨利·琼斯被视为现代网球的奠基人。1884年，玛丽勒本板球俱乐部将球网中央的高度设定为91.4厘米。从此，现代网球诞生。

美国是继英国之后，开展网球运动的国家。来自美国的玛丽·奥特布里奇女士，于1874年在英国百慕大度假期间，观看了一场英国军官的网球比赛，对此产生了浓厚的兴趣。她随后将网球拍和网球以及网球规则带回了美国纽约，这在一定程度上推动了网球运动在美国的普及。最初在美国，网球运动在东部学校逐渐兴起，随后传到中部和西部，并在全国范围内被广泛普及。随着技术和场地的发展，网球从一项最初只在草地上进行的运动发展成如今可以在沙土、水泥等多种场地上开展的比赛。因此，人们逐渐开始使用"网球"这个名称来代替原先的"草地网球"，从而形成了今天我们所熟知的网球（tennis）。

虽然，网球历史学家对网球渊源众说纷纭，但对记分制的产生意见一致。记分制的术语从法语中来。网球的计分顺序是15、30、40，有人认为这是仿效的法国的货币计量方法，因为法国的早期货币就是采用15、30、40这种增量方法。但有一位名叫琴·高斯的人认为，这3个数字是参照天文的六分仪而来的。当时的网球赛每局就4分，采用15为基数以计算每1分球的得失，至于将45改成40，是为了报分发音的简便清晰。

二、网球的发展历程

美国全国草地网球协会于1881年正式成立，成为全球第一个全国范围内的网球协会。在1881年8月至9月，该协会在美国的罗得岛纽波特港成功举办了第一届草地网球锦标赛，赛事涵盖了男子单打和男子双打项目，并采用了温布尔登的比赛规则，共有26名参赛者参加了这次比赛。理查德·西尔斯在本次比赛的男子单打项目中夺得冠军，此后，他连续7年都是冠军。克拉克和泰勒荣获了本次比赛的双打冠军。

自1887年起，美国全国草地网球协会开始举办女子单打锦标赛，随后在1890年开始举办女子双打锦标赛，在1892年举行了混合双打锦标赛。当时的美国总统是西奥多·罗斯福，他本人非常喜欢打网球，因此他对于修建网球场和举行网球比赛给予了大力支持。他还经常邀请一些朋友来白宫的球场打网球。因此，这届内阁又被称为"网球内阁"，这也使得网球运动在美国得到繁荣发展。在两次世界大战期间，美国是唯一一个继续举办网球比赛的国家，而其他国家都暂停了比赛。美国的网球运动也曾达到令人瞩目的高度，在鼎盛时期参加网球运动的人高达4000万。

从1878年开始，草地网球运动传至世界各地，传播者包括来自英国的移民、商人，以及驻扎在各地的军人，其传播范围涉及捷克、斯洛伐克、澳大利亚、斯里兰卡、加拿大、印度、日本。

当时，网球爱好者主要集中在富裕的资产阶级。他们可以随时在自己的草坪上搭建网球场，以进行游戏和社交。

网球运动在19世纪90年代中期步入了起步阶段，许多国家和地区纷纷成立网球协会，并举办周期性的比赛活动。

国际网球联合会（简称国际网联）于1913年3月1日在法国巴黎成立，它是世界网球的最高组织，为网球运动的未来发展开创了全新的局面。

20世纪70年代出现了"抢七"规则。自1890年以来，网球规则更改得不多。近年来，网球职业比赛中采用了即时重放系统（也称为鹰眼系统），以检视有争议的球，决定其是否有效。

从20世纪70年代开始，网球运动进入快速发展阶段。网球运动快速发展的主要原因如下。首先，各大等锦标赛不再限制职业选手参赛，并初次尝试了职业网球巡回赛，不再区分业余选手和职业选手，这使大赛变得更加激烈，比赛氛围更加活跃，运动员的技术水平也因此得以提高，越来越多的网球爱好者积极从事该项运动，并关注、评价网球比赛。其次，在制造的球拍中广泛应用了科学技术，先进的器材有利于技术水平的提高，这造就了一批年轻的优秀选手，从而有力地推动了网球运动的发展。

第一届现代奥运会于1896年在雅典盛大开幕，此次奥运会将网球男子单打和男子双打列为正式比赛项目，之后却因为国际奥林匹克委员会和国际网球联合会对"业余运动员"的定义存在不同意见，连续七届奥运会都取消了网球比赛。1984年在洛杉矶举办奥运会时，网球运动被列为表演项目；而直到1988年的汉城（今首尔）奥运会时，网球运动才重新被列为正式比赛项目。

20世纪90年代末期以来，网球发展呈现出以下几个显著特点。其一，在全球范围内逐渐普及，截至2009年，在国际网球联合会注册会员的国家和地区总计达到205个。其二，参赛选手水平高，比赛竞争激烈。其三，随着对器材的改进，网球运动越来越注重力量和速度方面的表现。其四，随着各种网球比赛奖金的不断增加，网球运动将会越来越商业化和职业化。综上所述，作为全球流行运动项目，网球运动将凭借其极具吸引力的特质赢得越来越多的支持者。

三、国际网球组织结构

（一）国际网球联合会

国际网球联合会（International Tennis Federation，简称ITF），简称国际网联，成立于1913年3月1日，是成立最早的国际网球组织，总部设在伦敦。中国网球协会于1980年成为该组织的正式成员。

国际网球联合会是世界网球组织的最高管理机构，其主要职责包括负责组织和处理所有网球比赛方面的事务；负责制定网球规则；开办培训课程，以提升发展中国家的网球教练的素质；促进各国网球协会在本地区推广网球运动；加深公众对网球运动的认识；招募更多的人参与网球运动，推动世界网球运动的蓬勃发展。国际网球联合会每年都会举办100多次青年比赛，涵盖16岁以下的国际男、女青年团体赛和世界青年杯赛；还要负责组织世界上的两大团体赛，即戴维斯杯赛和联合会杯赛。此外，它还负责指导温布尔登网球公开赛、法国网球公开赛、美国网球公开赛和澳大利亚网球公开赛这4项大型赛事；负责管理奥运会网球比赛决赛等。在该协会中，会员的表决权等级有6个，分别为1票、3票、5票、7票、9票和12票。其中，拥有最高表决权的5个国家分别为澳大利亚、英国、法国、美国和德国。在国际网球联合会中，所有协会会员出席的全会是最高权力机构，全会每年都会举办1次，任何协会表决权超过7票的都可以派出3人参加，而其他协会则只能派出2人参加。在全会结束后，国际网球联合会的所有事务将由管理委员会处理。管理委员会的成员包括1位主席和12位委员，其中包括来自协会中拥有最多表决票的3位委员。此外，为确保多元化和代表性，管理委员会必须还包括至少来自亚洲、南美洲和非洲的委员各1名，以及来自巴拿马运河以北地区和欧洲的委员各2名。每隔2年由全会选举1次管理委员会，管理委员会可以设立专门的委员会，并授权。

常务理事会中的正式成员都是些网球运动比较发达的国家，而且有资格参加戴维斯杯和联合会杯赛。非正式会员无选举权，但可向常务理事会提出入会申请，3年后方可成为正式会员。国际网球联合会由它的理事会进行管理，通过常务会，确定下一年度国际网球联合会工作计划。

国际网球联合会成立了多个专门委员会，包括大众传媒委员会、国际网球联合会规则委员会、奥林匹克委员会、老运动员委员会、青少年竞赛委员会、技术委员会、财务委员会、医务委员会、教练委员会。这些委员会的职责虽然不同，但都推动着网球运动的发展。

（二）职业男子网球协会

职业男子网球协会（Association of Tennis Professional，简称ATP），简称"职业网联"。它是世界男子职业网球选手的自治组织机构，在1972年由60名男子职业网球运动员组成，参加的会员是名列世界前200名的男子网球运动员。这个协会的主要工作是确保职业选手的排名、积分以及奖金分配公正合理，同时制定比赛规则，批准或取消选手的参赛资格。

1990年，职业网联负责人马克·迈尔斯为了提高赛事水准，对长久以来一直使用的平均体系排名法做出了调整。平均体系排名法自1973年开始使用，然而，它存在着许多缺点，其中最主要的缺点是导致优秀网球选手的参赛次数减少。鉴于这个原因，职业网联决定采用"最佳14场累计分＋击败种子奖励分"体制，即我们现在所见的ATP排名，后来国际女子网球协会（Women's Tennis Association，简称WTA）也采用了类似的计分方法。ITF没有自己的排名，但它承认ATP和WTA的排名是最具有权威性的网球选手排名。

为了展示男子职业网球的多样化风格，职业网联在场地、资金和观众等方面做了充分的准备，以确保赛事的成功举办。为了确保比赛顺利进行，职业网联与排名前十的选手签署了合同。这份合同规定了这些球员必须按时参加上述比赛，不允许他们同时参加比赛级别较低的其他赛事。IBM/ATP世界锦标赛和ATP巡回赛双打世界锦标赛，分别在德国法兰克福和南非约翰内斯堡举行，是职业网联最具有影响力的2项比赛。这2项比赛的结果将决定本年度的单打和双打头号种子选手。

ATP每年举办的主要大赛有四大公开赛（美国网球公开赛、法国网球公开赛、温布尔登网球公开赛、澳大利亚网球公开赛)、大师杯系列赛(前身为"超级九次赛事")、锦标赛、挑战赛等,分别在6大洲30多个国家举行。

(三)国际女子网球协会

国际女子网球协会成立于1973年。它是负责组织女子职业选手参加各种比赛的自治组织。该赛事主要负责管理女子职业选手的积分、排名以及奖金分配等事务。WTA致力于维护职业球员的权益,确保全球数百位职业球员均有合理的比赛机会,并能够在比赛中充分展现自己的实力,促进与赞助商、赛事主办方的合作,助力网球运动发展壮大。WTA采用电脑积分排名方法,选手只要在比赛中赢得超过2.5万美元的奖金即可获得电脑积分,所以加入女子的电脑排名榜比加入男子的要容易一些,但球员要在1年中打至少10场锦标赛才能保持自己的排名优势。

WTA管理着约60项赛事,包括四大公开赛、WTA年终总决赛和各类巡回赛。WTA的年终总排名由在美国举行的WTA世界锦标赛最终确定。世界上只有16位选手有资格参加这项比赛。

四、重要网球赛事

(一)国际重大网球赛事

1. 网球团体赛

(1)男子团体赛——戴维斯杯

戴维斯杯网球赛是一年一度的世界男子网球团体赛,也是世界上层次最高、影响力最大的国际性团体赛,由国际网球联合会主办,是除奥林匹克网球比赛外历史最悠久的网球比赛。戴维斯杯网球锦标赛是美国青年德威特·菲利·戴维斯倡议举办的,并捐赠银质奖杯授予冠军队,故名戴维斯杯网球锦标赛。1900年8月,第一届戴维斯杯网球赛在美国波士顿郊外一个叫作长木板俱乐部的地方举行时,仅有美国和英国参加,德威特·菲利·戴维斯本人是美国队的队员兼队长,并在当年的比赛中带领美国队以3∶0战胜英国队,捧走奖杯。由于参赛国家逐年递增,戴维斯杯网球赛规则经过了多次修改,1923年起分为美洲区和欧洲区;1953年又增加了东方区;1966年欧洲参赛队剧增,又从3个区分成4个区,即美洲区、东方区、欧洲A区、欧洲B区（非洲国家参加欧洲B区）；1981年开始采取分为两级的升降级比赛的办法，第一级有16个队参加，称为世界组，第二级是4个分赛区的各队，称为地区组。

戴维斯杯在一年内分四个阶段进行。第一阶段在每年的2月份进行世界组和各地区组的第一轮比赛。各组的第一轮比赛都是同时进行的。第二阶段在每年的4月份进行戴维斯杯的第二轮。第三阶段在每年的9月份进行戴维斯杯的第三轮，世界组决出争夺戴维斯杯的前2名（2个队），各地区组决出升降组的队。第四阶段在每年的11月份进行戴维斯杯的决赛，决出获得戴维斯杯的队和升入世界组的8支队以及降至地区组的8支队。

戴维斯杯国家排名是根据所有参赛国近4年所取得的比赛成绩来定的。每一轮比赛之后排名都会调整1次，而4年前的任何比赛结果都将视为无效。近年来又有一项新的举措：前一年、前两年、前三年的分数将相应地递次减少25%，因此，100分别变为75分、50分、25分。只有获胜的队伍才能赢得分数，进而提高排名。此外，只要能击败排名比本队高的对手就能拿到奖励分。对于那些能在对手的主场赢得比赛的国家还能得到额外的分数。如果一个客场国家赢得淘汰赛，那它将获得该轮的分数加上奖励分，还有以上总分的25%。

（2）女子团体赛——联合会杯

联合会杯在女子网球比赛中是一项比较重要的赛事，它是1963年为庆祝国际网联成立50周年创办的。联合会杯网球赛是与戴维斯杯网球赛齐名的团体赛事，是对各国网球整体实力的大检阅。

第一届联合会杯网球赛是在伦敦的女子俱乐部进行的，共有16支代表队参加，这比预想的多得多。联合会杯每年举行1次。随着女子网球运动的不断普及，参加联合会杯的国家也慢慢地增多。中国队是从1981年开始参加该项赛事的，最好成绩是在2008年杀入了联合会杯世界组的4强，当时是李娜、郑洁和彭帅联手出战。

1995年联合会杯开始实行新赛制，实质上是戴维斯杯赛制的翻版。比赛在总计3周的时间内，以主客场的方式在19个不同的地点展开决赛阶段的淘汰赛。同时，在另外设立的4个赛区中进行预选赛，参赛国有50个以上。具体分组如下：由上一年联合会杯赛进入前8名的8支队伍组成世界组；进入前16名的另外8支队伍组成A组；未进入前16名的队伍将分别在亚洲（含大洋洲）区、美洲区、欧洲区、非洲区4个赛区进行预选赛。

世界组和A组均采用抽签方式决定对阵形势并进行淘汰赛。同时，在4个区进行的预选赛将在各个赛区的某个地点集中进行，采用传统的比赛制度。在世界组第一轮比赛中被淘汰的4支队伍将与A组第一轮获胜的4支队伍进行挑战赛，胜者参加第二年的世界组比赛，负者则降到A组中。同样，在A组中第一轮被淘汰的4支队伍将与4个预选赛区的优胜队（第1名）进行抽签对阵，胜者在来年升到A组中，负者则降到各地区中。在世界组和A组中，分别按各队参赛选手的世界排名列出4支种子队和4支非种子队，以保证比赛的观赏性。

2. 网球单项比赛

（1）温布尔登网球公开赛

温布尔登网球公开赛也称"全英草地网球锦标赛"，简称"温网"，创办于1877年7月，是现代网球史上最早举办的比赛。每年6月底至7月初举行比赛，为期2周。该赛事最初只设置了男子单打项目，直至1879年才新增男子双打项目。再到1884年，女子单打项目才被纳入赛程。此后，女子双打也被列入赛事中。直到1913年，男女混合双打项目也最终被添加进来。最初，温布尔登网球公开赛仅对英国人开放，直到1901年才开始允许英联邦成员国的代表参加比赛。到了1905年，该比赛才逐渐演变为国际性的大型赛事。该比赛规定参加比赛的名额为：男子单打128人，女子单打96人，男子双打64对，女子双打48对，混合双打80对。因两次世界大战停办10年（1915—1918年、1940—1945年），至2023年已举办136届。获得该项比赛冠军者，被公认为世界冠军。

温布尔登是英国的一个城市，全市拥有18个草地网球场、9个硬地网球场和2个室内网球场，其中最大的中央球场可容纳1.5万名观众，是世界最漂亮的草地网球场。在这里，每年有300多名选手角逐5个项目的冠军。

网球运动起源于上层社会，是十分高贵和绅士的体育活动，早期的网球场也都是造价昂贵的草坪场地，保养起来也十分困难。温布尔登网球公开赛是历史最悠久的网球赛事，它也延续了使用草坪场地这一传统。温布尔登拥有18块质地优良的草坪场地，并常年精心维护，每年迎接来自全世界的网球精英。草地与其他场地不同，摩擦系数较小，减速也较少，球速较快，常常会出现弹跳不规则的现象。因此，擅长发球和网前技术的球员会很占优势，比约·伯格、桑普拉斯、费德勒等都是温网的风云人物。

（2）法国网球公开赛

1891年创立的法国网球公开赛简称"法网"，通常在每年的5月至6月举办，是继年初澳大利亚网球公开赛之后，全年第二个进行的大满贯赛事。该项比赛曾因两次世界大战停赛11年，其余每年都会举办。最初，法网只向本国选手开放，直至1925年才开始接受国际选手参赛，逐渐演化成公开赛。法网也称为红土场地网球赛，这是因为红色黏土场地是法网比赛的主阵地，位于巴黎西部的罗兰·加洛斯球场内。这个网球城占地8公顷（1公顷=10000平方米），拥有正式比赛场地20个，每个比赛场地四周都有看台环绕，最大的中心球场可容纳近1.6万名观众。获得这个公开赛桂冠的选手也将与温布尔登网球公开赛冠军一样名震世界。由于罗兰·加洛斯球场属慢速红土球场，每场比赛采用5盘3胜淘汰制，因此每场比赛打上4个小时已是司空见惯。在这样的球场上获胜非常困难，球员需要具备出色的技术和非凡的毅力。

（3）美国网球公开赛

美国网球公开赛是每年四大满贯赛事的最后一项，简称"美网"。美网的首届比赛于1881年在罗得岛新港举行，当时只是国内赛事，而且只有男子单打。后来，为了增强娱乐性，又分别增加了女子单打、男子双打、女子双打以及混合双打4个项目。比赛的举行地点是纽约市的国家网球中心，举行时间通常在每年的8月底至9月初。起初，这项锦标赛名为"全美冠军赛"，仅对业余选手开放。在组委会的不断努力下美网从一项业余赛事逐渐发展为全球奖金最高的大满贯赛事。每年夏季，美国国家网球中心举办的美国网球公开赛都能吸引50万以上的观众前来现场观赛。

美国女子比赛始于1887年。1968年，美网正式被列为四大公开赛之一，设有5个单项的比赛。该比赛1915年移至纽约林山进行，1970年改名为全美公开赛。自1997年起，比赛便在新建成的阿瑟·阿什球场举行。该中心的土地面积为18.2公顷，内设了33个比赛场地，是硬地球场，但它的场地比澳大利亚的硬地更软，球速也更快。要在这里赢得比赛，运动员需要具备更出色的身体素质。与其他大满贯比赛相比，参加美网的运动员每得1分都需要花费更长的时间，而且通常需要面对更频繁的对打场面。

（4）澳大利亚网球公开赛

澳大利亚网球公开赛，又称"澳网"，是世界网坛四大重要赛事之一。创办于1905年，是四大公开赛中年龄最小的一个。最早称为澳大拉西亚锦标赛，后于1927年改名为澳大利亚锦标赛，直到1969年才更名为澳大利亚网球公开赛，从而正式成为网球四大满贯赛事之一。澳网最初定在澳大利亚每年的12月举行；1986年，为吸引更多的世界网坛高手前来参赛，赛事组委会决定将比赛推迟到1987年1月举行，从此澳大利亚网球公开赛从四大公开赛的最后一站变成了第一站。澳网赛场在澳大利亚的墨尔本公园。1905年，澳大利亚网球公开赛仅包含男子比赛项目，直到1922年才增加了女子比赛项目。澳网最初的网球场是草地，直到1988年才转而采用硬地网球场。在硬地网球场上比赛，具备全方位打法技术的选手通常更具优势。由于墨尔本气候炎热，运动员需要耗费更多体力并且表现不稳定，可能对比赛结果产生影响。

澳大利亚网球公开赛在开始时由于气候恶劣、路途遥远、奖金较低等多方面因素并未引起人们的重视，直到1968年成为四大公开赛之一，世界才逐渐开始重视澳大利亚网球公开赛。

由于比赛安排在1至2月份，正值当地盛夏，天气十分炎热，其他地区的选手参赛状态不佳，所以在比赛创办初期，男子比赛、女子比赛冠军几乎都是本国选手获得的。但是进入20世纪80年代后，打进男子比赛、女子比赛前4名的基本上都是欧美选手。2000年，在澳大利亚网球公开赛中进入冠亚军赛的也是欧美选手。2003年，曾经是男单世界第一的本土选手休伊特也只进入了16强，冠军则被美国选手阿加西获得，这又一次让热情的本土球迷失望。

（二）中国网球高规格赛事——中国网球大奖赛

中国网球大奖赛是由中国网球协会主办的国内网坛最高级别赛事。赛事创办于2006年，是中国网坛的年度收官之战。作为代表国内网坛最高水平的顶尖网球赛事，它为人们提供了一个了解中国网球运动和中国网球选手的绝好平台，让大众共同见证网球新秀的出现。自从创立以来，赛事将打造一项"中国人自己的网球赛事"作为主要目标。经过长期的努力和持续不断的完善，今天的赛事逐渐成为"全球华人的网球盛会"。

办赛之余，组委会以推广活动和公益活动的形式普及网球知识，大力推广网球运动。经过多年的打造与完善，组织运动员参与青少年网球培训和社会公益活动已经成了赛事的一项传统，这一系列公益活动也已经成了中国网球大奖赛的标志。运动员通过参加这样的活动增强自身的社会责任感并树立良好的社会公益形象，球迷则通过这个平台与心目中的优秀网球运动员近距离接触，这使得大奖赛的品牌更加深入人心。

五、中国网球运动

19世纪中期，随着中国沿海贸易港口的开通，大量的西方商人、官员、军人纷纷来到中国，也把网球传入了中国。1843年，上海作为一个商业港口，向世界开放，大量的西方人涌入上海。有关网球场在中国建立的最早记录是在1860年，此时英军驻扎在天津，将紫竹林辟为练兵场，后来又辟出足球场、田径场、网球场。1876年，由外籍人士组成的上海网球总会在上海修建了两个草地网球场，这成为中国最早的正规网球场。

基督教会是网球运动在中国传播的主力军。19世纪末期，英国、法国在我国多个城市建立了教会学校和基督教青年会（据记载，北京、上海、广州等地都有教会学校）。教会学校和基督教青年会有许多外籍教师和传教士，他们热衷于网球运动，网球运动由此传入教会学校和基督教青年会，在青年学生当中盛行，于是中国就兴起了网球运动热潮，有的市、县还修建了网球场。19世纪晚期和20世纪早期，中国高校普遍设有网球场地。20世纪初，中国许多城市的大学都建造了网球场，如山东的齐鲁大学、四川的华西医科大学、上海的圣约翰大学、北京的燕京大学等。进入20世纪20年代，整个国家开始发展网球运动，有些公共运动场也安装了网球设备。1929年，南京国民政府颁布《国民体育法》，要求"各自治之村、乡、镇、市必须设置公共体育场"，并将网球场也列入球类运动的比赛场地。一些省份明确规定，县级公共运动场至少有2个网球场。这对于促进中国网球事业的发展，具有重要的意义。据史料记载，在民国时期，除了偏远的地方，中国许多市、县都兴建了网球场，并举办网球活动，大部分都是教师和学生参加，也有少量的外籍人士和社会人员参加。

1910年，旧中国第一届全国运动会在南京举办，此次运动会共有4个比赛项目，分别是田径、网球、足球以及篮球。民国第三届全国运动会又将女子网球项目列入其中。1924年至1946年，中国选手共参加了6次戴维斯杯网球赛。

随着中国网球运动的发展,许多大城市纷纷成立了网球协会、网球社团、网球俱乐部,这些协会或俱乐部的成员主要是社会上的网球爱好者。这样的组织主要分布在北京、上海,一些其他城市如青岛、太原、天津、武汉、广州、南京、重庆、昆明、成都也有少量分布。1931年,中华全国体育促进会组织成立中华网球会,开展活动并参与比赛。

20世纪30年代,以外侨为主要参与者的上海网球运动得到了繁荣发展。那个时期的外国网球会分别是法商总会、葡萄牙总会、花旗总会、日本网球会、斜桥总会等。此外,也不乏一些华人网球会。随后中华网球会出现了林宝华、邱飞海等网球运动高手,他们在与外国球员的比赛中屡战屡胜,并多次夺得团体冠军和单、双打冠军。

中华人民共和国成立以后,有些网球场依旧会不定期开展网球活动,并时常举办一些小规模的网球竞赛。天津于1953年举办的运动会有4个比赛项目,其中就包括了网球比赛。中国网球协会于1956年成立,该协会会定期组织全国单项比赛、全国网球等级赛等赛事。1958年,温布尔登网球公开赛在伦敦开幕,我国代表团首次参加了该比赛。20世纪60年代初,受经济低迷的影响,全国范围内的网球比赛都停止了。直到1964年,才重新开始举办网球赛事,但是从1966年开始,网球赛事和网球活动又停止了几年。直到1972年又慢慢开始举办网球比赛、开展网球活动,但参与者很少并且技术水平都不高。

中国的网球运动在改革开放以后得到了迅速的发展。在20世纪90年代初期,一些国际性的大型比赛被引入,并开始了全国性的巡回比赛。从1993年起,我国开始摸索职业网球发展之路。1998年,我国组建了一支有中国特色的职业网球俱乐部,随后举行了职业网球俱乐部联赛。从20世纪80年代开始,中国的网球运动取得了长足的进步。中国网球运动员李心意于1986年在汉城(今首尔)的第十届亚洲运动会上夺得女单冠军。1990年第十一届亚洲运动会在北京举行,中国选手在这届网球赛中夺得三金(男子团体冠军、男子单打冠军、男子双打冠军)三银一铜。在1991年的联合会杯网球团体赛上,共有58支队伍参赛,中国网球女子队成功进入16强,网球运动员李芳的国际排名由200名上升至155名。夏嘉平在世界大学生运动会网球比赛上夺得男单冠军。这些网球运动员取得的傲人成绩显示出我们国家网球事业的巨大进展。

1992年，中国派出5名运动员参加了第25届巴塞罗那奥运会网球比赛。女单项目的李芳、陈莉，男双项目的孟强华/夏嘉平都是在首个回合就被淘汰出局，只有女双李芳/唐敏晋级。在1994年年终国际网联世界排名中我国运动员夏嘉平为313位，潘兵为215位，李芳为66位，陈莉为233位，唐敏为237位。2004年，中国的双打组合李婷与孙甜甜打进了迈阿密大师赛的女双半决赛，这在当时已经创造了中国网球史上新的纪录，在总奖金高达650万美元的WTA一级赛事的半决赛上留下了中国人的足迹。

进入21世纪，中国的网球也进入了一个快速腾飞的新时期。2004年雅典奥运会，李婷/孙甜甜夺得女子双打冠军。在2006年澳大利亚网球公开赛上，郑洁/晏紫夺得女子双打冠军。2008年，在北京奥运会上，李娜获得女子单打第4名。2011年，李娜在澳大利亚网球公开赛上个人第1次打进大满贯单打决赛并夺得亚军，同年，在法国网球公开赛女单比赛中获得冠军，2013年，在WTA年终总决赛中获得亚军。2014年，李娜第3次跻身澳大利亚网球公开赛决赛并最终收获女单冠军。近年来，由中国主办的国际网球赛事日益增多，如中国网球公开赛等一系列赛事，同时也涌现出了一大批优秀的网球运动员。这表明中国网球进入了又一个新的时期，拥有更多机遇和前景。

现今，网球界的竞争异常激烈。特别是近几年，新晋网球选手不断出现，年纪越来越小。现在很难看到像康纳斯、麦肯罗、桑普拉斯这样长期在网球界占据主导地位的选手，因为排名靠前的选手要么状态不佳，要么就是受伤病的折磨。即使是当今网坛的顶尖高手，如罗迪克、德约科维奇、费德勒、纳达尔、休伊特等人，也很难在赛场上一直呈现出色的状态。

我国女子网球近年来有了重大的突破，郑洁、李娜、郑钦文等优秀运动员的出现，让我们看到了中国网球的希望。近年来的比赛显示，单凭大力发球和前三板发球上网是无法在比赛中占据有利地位的。虽然罗迪克表现出色，发球速度超过了200千米每小时，但是他仍然有可能在比赛中输掉。虽然南美洲选手不如欧洲、北美选手高，且力气也不如欧洲、北美选手大，像科里亚和高迪奥身高只有1.75米左右，但同样能取得较好的战绩。因此，中国选手可以在土场地上寻找突破口。相比于其他场地，土场地更加看重选手的随机应变能力、顽强的意志和充沛的体能，这些方面正是中国选手的优势所在。从理论上看，我国选手更有可能在这样的比赛中超常发挥。随着世界网球运动的不断发展,我们既看到了机遇,也看到了挑战。我国的网球事业要跟上世界的脚步,就必须与世界接轨,相互交流、取其精华、去其糟粕。也正是因为这样,我国近年来的网球发展相对之前还是比较迅猛的,首先就是举办了世界级的大赛。

中国网球公开赛是国际网球协会批准的自 2004 年起每年一届在中国举办的大型国际网球比赛。中国网球公开赛得到了人民和新闻媒体的普遍关注。北京市体育竞赛管理中心在国家体育总局,北京市委、市政府的领导下与北京青年报社、香港 TOM 集团,及相关兄弟级单位通力合作,成功地举办了 2005 年的中国网球公开赛,并决心通过努力把中国网球公开赛办成继法网、美网、澳网、温网之后的具有浓厚中国文化底蕴和现代化节奏的世界第五大网球公开赛。

上海劳力士大师赛设立于 2009 年,原名是上海 ATP1000 大师赛,2010 年更名为上海劳力士大师赛,在每年的 10 月中旬举行,是每年 ATP1000 大师赛的第八站比赛,时间上位于中国网球公开赛、日本网球公开赛之后。上海劳力士大师赛举办地点为上海旗忠森林体育城网球中心,场地为室外硬地。

六、新式网球运动

(一)软式网球

日本是软式网球(软网)的发源地,软式网球采用的是橡皮球,这种球要充气,并且有一定的气压标准,软式网球的球拍与常规球拍相比要小巧一些,材质以钛合金为主。

软式网球的运动场地与网球运动场地相同,可以是沙地或者沥青涂塑地等。与网球相比,软网的赛程较短,并且记分规则也不相同,因此需要运动员快速进入比赛状态,同时需要运动员有较好的心理素质和较强的抗压能力。

1. 基本信息

软网球场与常规的网球场大小一样,只是球网高度不同,软网的球网有 1.06 米。软式网球有单打赛和双打赛以及团体赛 3 种比赛方式。单打软式网球比赛和传统网球有所不同。在软式网球比赛中,单打比赛一盘进行 5 局,双打比赛则在一盘中进行 9 局，并实行 1 盘定胜负的规则。

软式网球与传统网球相同，在标准尺寸的球场上进行比赛，通常是单打或双打形式。比赛规定必须在网前发球，击球过网，并确保球不能越过边线，同时努力击出对手难以接到的球。

软网运动广泛流行，目前世界上已经有 500 多万人参与了这项运动。1904 年，日本的 4 所大学联合制定了第 1 套软式网球规则，这 4 所大学分别是东京高商大学、庆应大学、高师大学、早稻田大学。最早的软式网球协会成立于 1922 年，位于东京。第 1 届全日本软式网球锦标赛在 1923 年举办，这标志着该项赛事的开端。1975 年 10 月，在美国的夏威夷举行了首届世界软式网球锦标赛。软式网球在 1994 年第 12 届亚运会上被列为一项正式的比赛项目，此次比赛在日本广岛举行。当前，在全球范围内很多国家和地区正在开展这项运动。

2. 赛事规则

虽然软式网球与常规网球在规则和形式上相似，但软式网球使用的球更柔软、更便携，这对于力气比较大的人来说，在软式网球比赛中要打出优秀的边线球较为困难。这种情况导致男女混双比赛更具平衡性，因此备受青睐。

软式网球大部分规则都与普通网球比赛相同。1992 年是真正的改革起点，此时比赛发生了实质性的改变。选手在发球时将球放得比头部高也行、低也行，可以选择正手或反手进攻，并且还可以在球网截击。

在一场比赛中，率先获得 4 分的选手或团队将获胜。如果出现 3 平的情况，那么哪个选手或哪对选手首先得到 2 分，谁将获胜。不同于常规网球比赛，发球局的轮换为两局一次。软式网球比赛可以在室内或室外进行，并且可以适应草地和硬地以及红土等各种场地。在软网比赛中，单打参赛选手需要进行 7 局比分赛，双打参赛选手需要进行 9 局比分赛。在单打比分赛中，先赢得 3 局就能获胜，而在双打比赛中，先赢得 4 局就能获胜。

3. 软式网球与硬式网球

软式网球是相对于传统的硬式网球而言的，软式网球与硬式网球的异同见表 1-1。

表 1-1 软式网球与硬式网球的异同

项目		软式网球	硬式网球
不同点	球	直径 6.6 厘米 重量 30—31 克 白色橡胶制成	直径 6.4—6.7 厘米 重量 57—59 克 橡胶制品，表皮用毛毡包裹
	球拍重量	290 克左右	330 克左右
	网高	1.06 米 球网呈水平	两端高 1.07 米 中央高 0.914 米
	报分	1 分、2 分、3 分、平分	15 分、30 分、40 分、平分
	比赛	7 局 4 胜制或 9 局 5 胜制	先得 6 局为胜 1 盘，先胜 2 盘或 3 盘为胜
	握拍法	以西方式握拍法为主，正反手击球时用同一拍面	以东方式握拍法为主，正、反手击球时不用同一拍面
	球的旋转	以上旋球为主	上旋球和下旋球并用
相同点	场地	场地规格、区域划分和名称相同	
	击球	击球步法、挥拍动作、重心移动、球拍击球等基本相同	
	发球	挥拍动作、身体动作完全相同	
	战术	相同	

4. 软式网球技术

软式网球的握拍方法一般都是使用网球西式握拍法，也就是将球拍水平地放在手中，然后将拍柄放在手掌的虎口处，再用手指握紧拍柄。这种握法有利于发力，使用正手或反手击球时能够保持拍面不变。

抽击球多采用平击球，网前抢网或中场截击采用平推截击，通常多使用削击法或平击法发球。

战术打法中的双打，一般采取一前一后站位，后面队员称后卫，前面队员称前卫。后卫主要在底线活动，用抽击球威胁对手，同时为本方前卫创造抢网的机会。前卫一般在网前活动，主要任务是抢拦对方的抽击球和扣杀对方挑出的高球。

（二）短式网球

1. 短式网球的起源、器材要求、场地要求

（1）短式网球的起源

随着网球运动在全球范围内的快速发展，国际网坛呈现出"启蒙小，成长早"的特点，在此种背景和发展趋势下，短式网球应运而生。短式网球实际上是一种儿童网球运动，它考虑到儿童身心发育特点和负荷能力，按照网球原理而设计。这项运动包含了常规网球运动的所有内涵，适合5岁及以上的儿童，符合他们身体和心理上的特点。对于儿童来说，短式网球运动是一种有效的网球启蒙训练方式，同时也是他们正式接触正规网球运动的必经之路。接受短式网球训练的儿童能够有效地掌握规范的网球技能，培养正确的网球意识并且能够巧妙使用多种技术。

20世纪70年代后期，短式网球运动在瑞典兴起，并很快在欧美各国流行开来。现在短式网球是国际上普遍用于儿童启蒙训练的一项运动。它在人才培养方面取得了显著成果，促使网球爱好者数量增加，提高了科学训练的水平。因为短式网球具有使用场地小、器材简单、投资少、易于掌握等特点，同时可以避免儿童训练过于成人化所带来的不利影响，所以备受教练、家长和儿童的欢迎。

国际网球组织高度重视短式网球。1990年，短式网球运动首次被国际草地网球协会认可并列为其发展规划项目。短式网球推广计划是国际网球联合会在1995正式颁发的，由此短式网球被公认为是儿童训练最理想的方法。

（2）短式网球的器材要求

①球拍。从球拍的形状和结构上来说，短式网球球拍与正规网球球拍基本一样，不同的是短式网球球拍更轻便小巧。短式网球球拍的重量和长度各不相同，且拍面形状和大小也没有统一的标准。一般来说，每种球拍的重量和长度是成正比例的，重量在150克左右。正确选择儿童使用的球拍至关重要，它将对儿童未来的学习和技能的掌握影响深远。可以通过充分考虑儿童的年龄和力量来选择合适的球拍。挑选球拍的首要原则是"宁轻勿重"，儿童千万不要使用成年款球拍，也不要使用超出自身力量负荷的球拍。除了重量

之外，握柄的大小也十分重要。短式网球球拍的握柄和成人球拍相似，有各种各样的规格。握柄的粗细应该根据个人手掌大小来选择。对于初学者来说，通常可以选择较细的握柄，若在后续使用过程中，觉得握柄较为细小，可以选用纱布或专用包柄布包裹来使其变粗。

②球。在短式网球运动中使用的球的材质是高弹性泡沫塑料。这种球的球体直径是7厘米，重量在15克左右，它不仅具有良好的飘浮性能和弹性，而且在空中所受的阻力相当大，因此，它在运行或者落地的时候，前冲的力量也不是很强。

在短式网球运动中，球是技术含量要求最高的一种训练器材。只有使用专为该运动设计的符合标准的球才能够达到最佳的训练效果。在练习时，不要使用正规网球进行练习。

（3）短式网球的场地要求

短式网球场地的占地面积只有正规网球场的1/3，标准球场长13.4米，宽6.1米，端线至挡网的距离不少于4米，场地之间间隔2米。室外场地置南北向。国际草地网球协会制定的球场布局是网与中线于中点相交，场地呈长方形的"田"字形。端线后挡网高3.5米，侧挡网高2米，网柱高0.85米，网长7米，球网中央高度是0.8米，网柱之间的距离是7米。场地面质不限，可以使用沙土、沥青、木板、塑胶等，地表平整即可。

短式网球一般是在防风条件较好的室内训练，场地最好建在透明度好、造价便宜的棚状建筑物内，屋脊不低于8米。在策划时，可以充分考虑现有体育设施的综合利用。

试点证明，不设专门发球区域的球场有碍于儿童提高接发球和比赛水平。我国现行的标准球场增设了形似正规网球场的发球区，每片发球区长3.7米，宽3.05米。

2. 短式网球的要素及其训练

（1）短式网球的要素

①球场。球场是长方形的，长13.4米，宽6.1米。球网将全场横隔为二等区，网柱高0.85米，网长7米，网中央高0.8米。球场两端的界线叫作端线，球场两边的界线叫作边线。在距球网两侧3.7米处的场内各画一条与球网平行的横线叫作发球线。联结两发球线的中点，画一条与边线平行的线叫作中线，中线与球网成"十"字形，将发球线与边线之间的地面分成4个相等的区域，

这四个区域叫作发球区。在端线的中心，向场内画一条10厘米长、5厘米宽垂直于端线的短线叫作中点。对全场各区的丈量，除中线外都从各线的外沿计算。所有的线应是同一颜色，线宽均为5厘米。

②球场固定物。球场固定物包括球网、网柱、球场四周的挡网、看台、固定的或可移动的座位或座椅、座椅占有人、安置在场地周围上空的设备、进入指定位置的裁判员。

③球的大小及其重量。球是用高弹性泡沫塑料制成的，球体直径7厘米，重14.5～15克。

④球拍。球拍的长度一般分47厘米、49厘米、55厘米、59厘米4种，重量与长度成正比，在160～220克。

（2）短式网球的训练

①短式网球是适合孩子的运动。通常人们认为网球球大、拍子沉重，只有成年人才适合打，但实际上小孩子也可以轻松上手。短式网球专为儿童设计，让孩子从小便可享受打网球的乐趣。

短式网球是一项非常适合儿童的运动项目。网球运动是一项需要具备强大力量、高速度和持久耐力的体育运动。针对成人设计的正规场地和装备，只符合成人相应的身体素质和心理承受力。国家体育总局有关专家称，如果让5～11岁的儿童在使用正规网球设备的情况下训练网球技能，这将超出他们的身体负荷，对儿童身体成长不利，也会对他们在网球方面的发展潜力造成负面影响。

20世纪70年代，瑞典推出了一项专为11岁以下儿童设计的短式网球运动，旨在提高他们的学习成效。该训练方式很快在欧美广泛应用，成为儿童初学网球的重要训练方法。辛吉斯是前世界女子网坛头号选手，她就是通过短式网球进入网球领域的。

孩子想要学习打网球，短式网球可以满足他们的需求。实际上，短式网球是网球的缩小版，除了使用较小的球和场地，其规则与常规网球比赛几乎没有差别。短式网球场地的大小是标准网球场地大小的1/3。球拍与正规网球球拍的形状和结构一样，只是更轻便、更小巧，可使用铝合金或碳素等材料制成。

对于短式网球来说，有两种不同的网球可供选择。一种是海绵球，重量非常轻，适合于6岁以下的儿童使用。还有一种是过渡球，类似于正常网球的球，但它更小一点，内部压力也更低，因此击球时不会像标准网球那样硬，这使得它成为一个安全的选择，可以避免儿童在运动中受伤。

短式网球不仅包含了网球运动的全部内涵，而且非常适合儿童练习。这项活动有利于儿童将所特有的协调、感知和模仿能力充分发挥出来。短式网球具有极高的趣味性和娱乐性，这与儿童的心理特点相适应，让儿童在训练过程中，既可以锻炼身体、提高健康水平，又能够熟练掌握网球技巧。

现在，在全国范围内有许多培训机构受到了国家体育总局网球运动管理中心的认可，它们提供短式网球的正规培训，并且接受训练的儿童还会有机会参加由国家体育总局网球运动管理中心主办的短式网球晋级比赛。王军朝认为："短式网球趣味性强，技术难度相对于正规网球低，对场地、器材要求不高，便于群体性开展，符合我国高校现阶段的基本情况。短式网球运动符合网球运动原理和训练规律，可以在短时间内帮助大学生形成正确的肌肉记忆和动作定型，最大限度地、全面地提高技术水平，提高网球意识，是高校学生走向正规网球训练的一条捷径。"[1] 崔秩赫等认为："降低参与网球运动的难度，大学生更容易获得好的运动体验，激发学习兴趣。因此，从短式网球过渡到标准网球，大学生更容易掌握网球击球的技术动作、培养良好的击球习惯，进而激发大学生对网球运动的热情，提高高校网球教学质量。"[2]

②短式网球的技术。要求：在初始学习阶段，儿童需要学会使用正确的握拍手法来打短式网球。对于儿童的短式网球训练，我们应当推荐使用东方式握法和双手反拍握拍技术。握拍是保证技术动作规范的重要因素，正确、稳定的握拍姿势可以使所学技术不断提高；而错误的握拍姿势必然导致不正确动作造型。儿童往往不重视握拍技术，训练时随意性很大，因此，我们在握拍训练时要要求儿童进行专门的练习，通过训练达到对技术产生牢固记忆和动力定型的要求。

方法：选择一种儿童适宜的练习方法，在教练员的示范下，按照掌握握拍的技术程序进行练习。

正拍握拍法：让儿童先用另一只手托住球拍颈部，拍头朝上置于身体腰高以上正前方，然后把握拍的手掌平贴在球拍的弦面上，在稳定球拍位置的

---

[1] 王军朝：《普通高校开展短式网球选项课的可行性研究》，《铜陵职业技术学院学报》2011年第1期，第80—81页。
[2] 崔秩赫、赵泳尊、王立国：《短式网球：高校网球教学新途径探究》，《青少年体育》2021年第2期，第112—113页。

情况下，握拍手沿拍颈下滑至握柄处将球拍握住。这是儿童学习东方式正拍握法最简易的方法。握拍练习必须从握正拍开始。

正确的东方式正拍握拍应该是手掌置于握柄的后方；前置时，拍面与手掌应是同一个平面；握拍时，手的虎口应该对准球拍握柄的中部位置，握拍手的位置不宜朝前或过后，手掌小鱼际应与握柄末端平行。

反拍握拍法：开始，让儿童持正拍握法，另一只手托住拍颈，持站立姿势，然后，教练员让儿童的托拍手固定拍位，握拍手（以右手握拍为例，下同）放松握力并向左转动握柄的1/4，再将球拍握住，即东方式的反拍握法。

由正拍转成反拍握拍的方法还有一种，即握拍手放松，由托拍手向右转动球拍，然后再握住球拍。

双手反拍握拍法：当儿童能够熟练、准确掌握反拍握拍技术之后，教练员即可教授双手反拍的握拍方法。如果儿童已经持反拍握法，托拍手随即可由拍颈沿拍柄下滑到握柄处，并用东方式正拍握法靠着另一只握拍手握住拍柄，这样的握拍姿势就叫双手反拍握拍法。

当教练员帮助儿童学会双手反拍握拍技术后，他应该告诉儿童"双手反拍击球的力源主要产生于正拍握拍手"，让儿童从一开始就对双手反拍击球的原理有一个基本的概念。

第二节　网球运动的装备及基础设施、礼仪及注意事项

一、网球运动装备及基础设施

（一）网球运动装备

1. 球拍

（1）球拍的选择

如何选到适合自己使用的网球拍是许多刚参与网球运动的爱好者遇到的

问题。拥有一支价格合理、使用感觉良好的球拍是网球爱好者的共同愿望。目前我国市场上的网球拍种类众多,如果在体育用品商店的网球拍柜台前,面对琳琅满目的球拍,新手也许会无所适从。要选到一款理想的网球拍,初学者必须了解球拍的一些基本知识。为挑选到自己满意的球拍,我们可以从以下几个方面考虑。

一是球拍的制作材料。球拍制作材料的演进经历了木拍—金属拍(铁拍、铝拍)—复合材料(碳纤维、玻璃纤维、克维拉纤维、钛)球拍的过程。目前市面上常见的网球拍有铝合金球拍和复合材料(玻璃纤维、碳素纤维)球拍。由于材料质地的不同,价格也会有较大的不同。一般来说,复合材料球拍质量较好,它具有良好的弹性和减震性,不仅手感好,而且有利于减少初学者因不规范的发力动作对手臂造成的伤害。复合材料的球拍价格相对较贵,而铝合金球拍的手感及减震性相对较差,因而价格也相对便宜。

二是考虑球拍的重量问题。球拍有轻重之分,其重量由字母表示,"L"表示轻型球拍,"LM"表示中轻型球拍,"M"表示中型球拍,"H"表示重型球拍。一般来说,以锻炼身体及娱乐为目的的初学者可以选择轻一些的网球拍,以重量在280~300克的球拍为宜。在有一定基础后,为进一步提高网球技术,可以考虑选择相对较重的球拍,当然这个重量一定是运动员感觉可以自如挥拍发力的重量,一般在300~320克。当然对于初学者来说,注重击球感觉和对球控制能力的提高至关重要,而发力击球相对没那么重要。当有了一定基础后,在击球的速度、力量和旋转等方面有了更高的要求后,选择一把重量适当、更有攻击力的球拍是十分必要的。此时,可以考虑选择重量在320~335克的球拍。

在考虑球拍的绝对重量的同时,还要考虑球拍的重心位置。拍头重的拍子有利于击出势大力沉的球,适合在底线击球;拍头轻的拍子挥动灵活,有利于控制球,适合上网截击。初学者最好选择拍头与拍柄重量平衡的球拍。在选择时,可用一根手指托住拍颈找它的平衡点,以确定球拍的重心位置。

三是考虑球拍拍面的大小。从20世纪70年代至今的50多年间,铝、碳等合金技术的运用让拍框材料日新月异,球拍工艺得到了前所未有的飞速发展。技术的支持使网球拍拍面越来越大,那些穿线面积在419~451平方厘米的球拍都被淘汰出局。网球拍拍面越来越大,这使得打网球变得越来越简单,而且它使休闲型的球手更容易打到球,将球打过球网也变得简单。网球拍依拍面大小基本上可分为 4 种：中拍面，穿线面积小于 606 平方厘米；中大拍面，穿线面积为 612～671 平方厘米；大拍面，穿线面积为 677～742 平方厘米；超大拍面，穿线面积大于 748 平方厘米。

拍面越大的球拍，其甜区（球拍面的有效击球区）就越大，威力也跟着越大。球拍拍面由纵线和横线交织成的网组成，面积以拍框内缘为准计量，具体可细分为有效面积部分和支撑有效面积部分。制造球拍的厂家一般都用标示方法标注该支网球拍的拍面面积，有的还会特别注出甜区面积。从球拍的标识和使用上考虑，我们可从如下的分类中，寻找到我们需要的球拍（见表 1-2）。

表 1-2　球拍类型、特点与适用范围

类型	标准型	中间型	大拍面	其他型
特点	拍框小，甜区小，高磅上弦	拍框中度，甜区中等	拍框大，甜区中等，击球范围大	拍框多样，甜区中等
适用范围	出球准确，力量集中的职业选手	力量适中，全面型的选手	初学选手和青年选手	有一定训练水平的选手

初学选手以选择大拍面为佳，这类球拍的甜区面积相当大，球拍弹性也不错，普通人用起来手感颇佳，因此适用范围最广。

四是考虑拍柄的大小，球拍拍柄大致可分成四种规格（见表 1-3）。

表 1-3　拍柄尺寸与适用人群

拍柄号	尺寸 / 英寸	适用人群
1	$4\frac{1}{8}$	儿童
2	$4\frac{1}{4}$	一般女士或手较小的男士
3	$4\frac{3}{8}$	手较大的男士
4	$4\frac{1}{2}$	手极大的男士

注：1 英寸 ≈ 2.54 厘米。

如何知道自己适合用几号拍柄？合适的拍柄尺寸帮助运动员打好球，并防止网球肘的发生。如果运动员不知道该用几号拍柄，可用以下简单方法测量。用东方式正手握拍法（手掌放在拍柄同拍面平行的那面）将球拍握紧，如果能正好将另一只手的食指放在手掌和中指之间，那么这个球拍的拍柄号就是适合自己的拍柄号。太小的拍柄要求额外的力量来防止球拍在手里转动，太大的拍柄在发球时手腕无法充分发力，并使正反手击球时变化握拍变得困难。长久使用不合适的拍柄使运动员的肘部慢性受伤。事实上，增大拍柄的尺寸比减小它简单得多。大多数拍柄是无法减小尺寸的，所以如果适合的尺寸在两个号码之间，请选用较小的号码，再选用一层较厚的吸汗带使其增厚。建议球手定期更换吸汗带，一条质量较好的吸汗带能够起到防滑的作用，以便运动员更好地控制球拍。

（2）球拍的保养

球拍不要只顾使用而不注意保养，合理的使用和妥善的保养方法影响着球拍的性能。球拍保养主要有如下四忌。一忌受压，铝或合成纤维球拍平置不容易变形，但若有重物压着它，就会变形弯曲，甚至产生裂痕。二忌暴晒，在烈日下暴晒过久，球拍会膨胀、变形，容易断裂。三忌潮湿，手柄和网线对潮湿非常敏感。人的手汗分泌物含有复杂的成分，手柄皮套上的汗液如果不能得到及时清理，就会导致有异味和霉烂。包缠手柄的吸汗带要经常洗涤、更换。四忌长期闲置，太长时间不使用球拍，网线就会因老化而失去弹性，易折易断。打完球后一定要将球拍揩拭干净，放在球拍套中，最好以悬挂方式放置。

（3）网球比赛对球拍的相关规定

球拍的击球面应该是平坦的，由连接在球拍框上的拍弦组成，拍弦在交叉的地方应该是相互交织或相互结合的；拍弦所组成的式样应该大体一致，中央的密度特别不能小于其他区域的密度。球拍和穿弦的设计应使球拍正反两侧在击球时性质大体保持一致。

从1997年1月1日起，在职业比赛中使用的球拍拍框的总长度（包括拍柄）不能超过73.66厘米。从2000年1月1日起，在非职业比赛中使用的球拍的最大长度为81.28厘米。拍框的总宽度不能超过31.75厘米。穿弦平面的总长度不能超过39.37厘米，总宽度不能超过29.21厘米。

拍框包括拍柄都不能有附属物和特殊装置，除非该附属物仅仅并且非常明确是用来防止球拍磨损、破裂、振动或是用来调整重量分布的,而且它的尺寸以及位置也必须是合理的。

2. 球

国际网联规定,标准网球用球为白色或黄色,外表毛质均匀,没有缝线。球的直径是 6.35～6.67 厘米,重量为 56.7～58.5 克,球的弹力为从 2.54 米的高度自由下落时,首次弹跳能在混凝土地面上弹起 135～147 厘米。气温 20 摄氏度时,如果在球上加压 8.165 千克,球应下陷 0.56～0.74 厘米。有的网球厂家在性能指标上写的弹性为 140 厘米,就是从 2.54 米的高度下落时的弹起高度。

3. 其他装备

(1) 网球包

网球包大致可分为双肩包和多支装球包。双肩包和一般的书包没太大的区别,通常可以携带一到两只网球拍。而多支装球包按照可以携带球拍数量的多少,一般可分为 3、6、9、12 支装球包。此外,还有带轮子的旅行用球包。球拍所处环境过冷、过热都会影响球拍的使用寿命,也会影响球线的击球效果,因此部分多支装球包带有隔热恒温的舱袋,以减少环境因素对球拍的影响。无论是双肩包,还是多支装球包现在都有可以携带球鞋的单独仓包,好的还会有透气设计。

(2) 网球帽

网球运动对着装有着特殊的要求。这些要求来自传统习俗,也来自对优美形象的追崇。网球运动本身是一种优雅的运动,最初源自西方宫廷,因此选择一款适合自己的网球帽是非常重要的。在阳光强烈时,帽子十分有用,可以避免阳光直射,天气太热时还可以挡住汗水,所以在选择网球帽时,运动员应选择有遮阳和透气通风功能的帽子。

(3) 网球服装

在 20 世纪早期,男选手还不得不穿着长裤进行比赛,而女选手的长裙也使她们倍受折磨。随着时代的发展,网球装变得简单而舒适。各种着装规范也渐渐消失。今天,人们随意穿一件圆领 T 恤和短裤就可以上场打球了。但在一些正规场合,运动员的穿着习惯还是应该有所保留。值得一提的是温布尔登网球公开赛,这些传统的赛事对选手的穿着要求有着严格的规定,必须穿着以白色为主色的服装,且对服装上品牌标志的大小有着严格的限制。一般来说，男选手着运动T恤衫和网球短裤，不要赤膊上阵；女选手穿中袖或无袖上衣及短裙或连衣短裙。网球服饰通常以白色为主。人们进入网球场一般穿专用的网球鞋，不允许穿皮鞋、钉鞋等有损球场表面平整的鞋，特别是女士的高跟鞋，绝对禁止进入场地。赤脚和赤脚穿鞋入场打球是会被认为有失雅观的。

（4）网球防护装备

科学研究表明，很多的运动伤病都属于运动技术性伤的范畴。恰恰网球就是一项对技术性要求很高的运动项目，技术动作的不合理或者对于伤病预防的忽视都很容易导致运动伤病。为了减少和避免因运动而引起的损伤，我们很需要运动护具的保护。下面介绍几种常用的护具。

①网球肘加压带或护肘。佩戴运动护具的原则是将痛点按压住，有效减轻肌肉在剧烈运动时承受的拉扯负担，让已受伤的肌腱部位不在运动过程中受到拉扯而继续受伤。专业的肘部护具在肘关节内外侧加有硅胶垫片，能更有效地降低肘关节的负荷。

②护臂。此类护具将上臂及前臂加压包裹，并通过加强部分限制前臂过度旋转。

③护腕。专业的护腕在手腕背侧及掌侧进行加压保护，限制腕关节过度活动。普通的护腕相较于加压型的护腕保护程度可能会低一些，但也能在一定程度上限制腕关节过度活动，起到保护的作用。

④肌能贴布。肌内效贴扎的目的在于提供手腕伸张动作助力，以减轻桡侧伸腕肌群在重复性动作中的负荷。

⑤护膝。国内现在绝大多数的网球场都是硬地球场，网球中又充满了高频率、大范围的横向移动，膝关节所承受的巨大负担可想而知。护膝能较好地固定关节，减轻运动中关节的磨损，尤其是能减轻髌骨疼痛。两侧有厚橡胶垫的护膝还可以对两侧副韧带产生压迫。佩戴护膝还能防止在运动中摔伤时地面对表皮造成损伤。

（二）网球基础设施

1. 网球场地

（1）网球场地种类

网球场地可分为室外和室内两种，且有各种不同的球场表面。当然，其由经济因素所决定。例如草地场是最基础的户外场地，但是其建立和保养费用太昂贵，所以现在已由人造球场取代，其较便宜又容易保养。另外，还有一种在欧洲盛行的红土场，法国网球公开赛使用的就是红土球场。

①草地场。草地场是历史最悠久、最具传统意味的一种场地。其特点是球落地时与地面的摩擦小，球的反弹速度快，对球员的反应、奔跑的速度等要求非常高。因此，草地场往往被看成"攻势网球"的天下，发球上网、随球上网等各种上网强攻战术几乎被视为在草地场上制胜的法宝，底线型选手则在草地场上难有成就。但是，由于草地场对草的特质、规格要求极高，加之气候的限制以及保养与维护费用昂贵，很难被推广到世界各地。目前每年的寥寥几场草地职业网球赛事几乎都是在英伦三岛上举行，且时间集中在六七月份，温布尔登网球公开赛是其中最古老也是最负盛名的一项。

②红土场。更确切的说法是"软性球场"，其最典型的代表就是法国网球公开赛所在的红土场地。另外，常见的各种沙地、泥地等都可称为软性场地。此种场地的特点是球落地时与地面有较大的摩擦，球速较慢，球员在跑动中特别是在急停急回时会有很大的滑动余地，这就决定了球员必须具备比在其他场地上更出色的体能、奔跑和移动能力，以及更顽强的意志品质。在这种场地上，比赛对球员的底线相持功夫是一个极大的考验，球员一般要付出数倍的汗水及耐心在底线与对手周旋，获胜的往往不是打法凶悍的发球上网型选手，而是在底线艰苦奋斗的一方。

③硬地场。硬地场是四大满贯美网以及澳网的比赛场地类型，现代大部分的比赛都是在硬地场上进行的，硬地网球场也是最普通、最常见的一种场地。硬地场一般由水泥和沥青铺垫而成，其上涂有红、绿色塑胶面层，其表面平整、硬度高，球的弹跳非常有规律，但球的反弹速度很快。许多优秀的网球选手认为，硬地网球更具爆发力，而且在网球比赛中硬地球场占主导地位，必须格外重视。需注意的是硬地不如其他质地的场地弹性好，地表的反作用强，所以容易对球员造成伤害，而且这种损害已使许多优秀的网球选手付出了很大代价。

④地毯场。顾名思义，这是一种"便携式"可卷起的网球场，其表面是塑胶面层、尼龙编织面层等，一般用专门的胶水粘接于具有一定强度和硬度的沥青、水泥、混凝土地基的地面上即可，有的甚至可以直接铺展或粘接于任何有支持力的地面上，其铺卷方便、适于运输且有非常强的适应性，室内

室外甚至屋顶都可采用。球的速度需视场地表面的平整度及地毯表面的粗糙程度而定。在保养上此种场地也是非常简单的，只要保持地面清洁、不破损、不积水（与相应的排水设施配套）就可以了。

（2）网球场地规格

一片标准网球场地的占地面积不小于648平方米（南北长36米×东西宽18米），这一尺寸也是一片标准网球场地四周围挡网或室内建筑内墙面的净尺寸。在这个面积内，有效双打场地的标准尺寸是23.77米（长）×10.98米（宽），有效单打场地的标准尺寸是23.77米（长）×8.23米（宽），在每条端线后应留有不小于6.40米的余地，在每条边线外应留有不小于3.66米的余地。球场安装网柱，柱间距是12.80米，网柱顶端距地面是1.07米。主流的网球场地地面为弹性丙烯酸场地，无障碍物。网球场地地面类型也有塑胶、红土、人造草和木地板等。不论是采用木板地面还是合成材料地面，都必须保证运动员在比赛中不感到太滑或太黏，并有一定的弹性。但要注意地面平整，以防出现事故。

（3）网球场地标线

网球场地标线是指场上纵横交错的白线。它们都有各自的名称：球场两端的界线称为"端线"，球场两边的界线称为"边线"；在球网两侧6.40米处的场内与端线平行的横线为"发球线"；联结两发球线的中点与边线平行的线称"中线"；中线与球网成"十"字形，将发球线与边线之间的地面分成4个相等的区域，其称为"发球区"；在端线的中心，一条垂直于端线的短线称为"中点"。对全场各区的丈量，除中线外都从各线的外沿计算，场上所有的线应是同一颜色（白色或黄色）。

2. 球网与网柱

网球场地上应安装球网和网柱。球网用棉绒线绳（粗0.3~0.4厘米）编结而成，为绿色或黑色。球网粗绳索或钢丝绳最大直径为0.8厘米，网的两端应附着或挂在两根网柱顶端，网柱应为边长不超过15厘米的正方形方柱或直径为15厘米的圆柱。网柱不能超过网绳顶端2.5厘米。每侧网柱的中点应距地面0.914米，网柱的高度应使网绳或钢丝绳顶端距地面的垂直距离为1.07米。

在单双打两用场地上悬挂双打球网的，在进行单打比赛时，球网应该由两根高度为1.07米的"单打支杆"支撑，该支杆应是边长小于7.5厘米的正方形方柱或直径小于 7.5 厘米的圆柱。每侧单打支杆的中点应距单打边线 0.914 米。

球网需要充分拉开，以便能够有效填补两根支柱之间的空间，并有效打开所有网孔，网孔大小以能防止球从球网中间穿过为标准。球网中点的高度应该是 0.914 米，并且应用不超过 5 厘米宽的完全是白色的网带向下绷紧固定。球网上端的网绳或钢丝绳要用一条白色的网带包裹住，每一面的宽度介于 5 厘米到 6.35 厘米。

3. 其他设施

网球场地上还应包含裁判椅、运动员休息椅、遮阳伞、垃圾桶等。高水平职业比赛还应配备冰桶、毛巾、电子显示屏、电子测速仪、广告位、观众席等。

二、网球运动礼仪

网球运动是一项十分正规的运动，它的魅力与球员与观众所具备的良好的行为素养密不可分。无论是在网球场上还是在网球场外，良好的仪态和得体的礼节是一个网球爱好者良好品行、高素养的体现。礼仪本身就是网球运动充满魅力的原因之一，因此了解和学习网球礼仪也是一个网球爱好者必不可少的功课。

（一）日常训练时应注意的礼仪

1. 训练课上应注意的礼仪

训练课上一定要虚心学习，学会抓住教练的讲课重点。不要现场质疑反驳教练的教学，因为每个教练教学风格不一，很难说清哪个错与对，课上问题可以通过课后讨论或实践去验证。实践证明，网球教学更讲究合理性以及适用性。

主动捡球。对于网球练习者来说，在练球时必须积极主动捡球，特别是一些初学者的多球训练课。捡球是网球练习者的职责，也是对球伴的尊重。

打球时，把球打到隔壁球场上是很正常的，但要懂得说"对不起"，因为打过去的球有可能影响到了他们的活动。如果自己想去隔壁球场捡球要学会等待，等待他们击球结束后才能去捡球，因为此时若贸然入场捡球只会令他们反感或给自己带来不必要的身体伤害（例如被他们的球或球拍打到）。当然，此时如果可以，我们还是选择向隔壁球场球员礼貌示意，让他们把球抛还回来。

2. 与球友练球时应注意的礼仪

与球伴打球或比赛时，发球的一方理应先观察对方是否已做好接球的准备，最好将球高举向对方示意。在对手没准备好的情况下就别将球发出去，否则对方很可能接不到球，同时也存在被来球击中身体的风险，这也是不尊重对手的表现。

在练球时，当对方的回球靠近底线时，应主动告诉对方他打过来的球是"界内""界外"，还是压线。

在练球时发球一方如果击球出界或还击下网，尽管不是有意的，但也应该向对方说声"对不起"，如果对方是外国人，最好用英文，这样会显得更加有涵养。

3. 进入网球场应注意的礼仪

在球场上打球时，不要从球网上面跨过，更不要随地吐痰或在球场上吸烟、喝酒。

来到球场打球，要积极维护场区卫生、保护球场配套设施，发现球场有任何瑕疵或安全隐患，及时向场馆管理员反馈。另外，若发现球场上有任何遗失物品，应立刻想办法归还给失主，或上交场馆方。

在闷热的夏天打球时，不要光膀子打球，特别是不要在球场故意展示所谓的"狂野"风范。在网球场上，几乎没人会欣赏这些，因为飘逸的技术动作和优雅的行为举止才是人们所推崇的。

（二）网球比赛中运动员应遵守的礼仪

1. 赛前礼仪

在赛前练球热身过程中有义务为对方的练习提供帮助，任何有意妨碍对方练习的做法都是有失风度的。

2. 赛中礼仪

在网球场上应该听从裁判的判决，裁判员与运动员之间有时会因界内界外的问题发生分歧，这时候运动员应尽量保持情绪上的稳定，按照网球竞赛规则进行处理。

当对方运动员就位后再发球，发球时要先看一看对方是否已做好了接球的准备，不要直接把球发出去。

球场上不要摔拍子,也不要用脚踢球。

如果打出一记幸运球(luckyball——球擦网后,改变方向和速度,落在对方场内,一般对手接不住),也要表示歉意或举拍示意。

3. 赛后礼仪

在比赛结束的时候,无论胜负都应该主动和裁判及对手握手。

（三）观赛礼仪

网球比赛是一项对观众礼仪有较高要求的比赛项目,观众要想拥有良好的观赛体验,就必须掌握一些基本的网球礼仪和规则。赛前就座,不得随便站在看台上,也不得在过道逗留。在比赛开始后,务必保持肃静,关掉一切无线通信设备,并尽可能避免在赛场上接打电话。不能吃零食,不能大声交谈,不能随意走动,在运动员换场休息的 90 秒内,观众可以站起来自由活动,运动员有权利因现场嘈杂而中止或延迟比赛。

在比赛中不得使用闪光灯拍照。闪光灯是扰乱运动员视线的"一级杀手",它会严重影响运动员的击球尤其是发球。

在比赛中,当捡到运动员打飞的球时,应在比赛暂停时将球扔入场内,千万不可以在比赛进行的时候将球扔进场内。在一些重大国际比赛中曾出现过球迷哄抢打到看台的来球且拿到球后据为己有的情况。按网球礼仪来讲,对待这种球要在形成死球,1 分结束后,将球扔回场内。只有在比赛结束后,运动员打向看台的球才能被拿走,留作纪念。

在比赛中不得与裁判或运动员进行任何形式的谈话,包括询问比分和对判罚有异议。

婴儿的声音因为不易控制,所以一般来说也不被允许带入赛场。年龄稍长的儿童也建议在成人的陪同下进入赛场。

当比赛双方打出精彩好球时,观众可以发出一些赞叹的声音,此时切不可鼓掌,只有在形成死球,确定这 1 分时,才能够鼓掌和叫好。

三、网球运动注意事项

（一）网球技术等级

美国网球协会在 1979 年制定了国家网球分级体系（National Tennis Rating

Program，简称 NTRP）等级标准，将网球技术水平划分为 7 个层级。张智指出，目前，国内盛行的分级赛集中在 3.0～5.0 级别，尽管如此，业余网球技术水平分级测评已经随着分级赛的发展，广泛地被应用于业余网球赛事。[①] 业余选手一般技术都不够全面，在对照某一级别的描述时，可能出现有的达不到，有的又超出的情况。本书的建议是用达不到的项数（负值）与超出的项数相加，如果得数不小于"–1"，则可定为该级别；反之，最好先降低 0.5 级，待有针对性地改进后，再重新评级。

1. 初级水平

（1）1.0

特征：初学打网球或第一次打网球。

（2）1.5

特征：打网球时间不长，还只顾得上把球来回打起来。

（3）2.0

正手：挥拍动作不完整，不容易控制击球方向。

反手：不愿意用反手接球，偶尔接一下也感觉没有把握。

发球/接发球：发球动作不完整，抛球不稳定，经常失误；接发球容易失误。

网前：还没有主动上网的意识，不会用反手截击，网前脚步跟不上。

特征：虽然正、反手都有明显弱点，但已初步了解单、双打中的基本站位。

（4）2.5

正手：动作有所改进，开始能够慢节奏对攻。

反手：握拍还有问题，击球准备不够早，喜欢用正手去接本该由反手接的球。

发球/接发球：挥拍动作趋于完整，可以发出速度慢的好球，抛球仍不稳定；能接好速度不快的发球。

网前：网前感到不舒服，尤其是反手截击，经常用正手拍面打反手位截击。

特征：与水平相当的人能打出几个回合的慢速对攻，但还难以覆盖整个场地。能主动挑高球，但还不能控制球的高度和深度；能打到过顶球，但对能否打好没有把握。双打中还不会调整站位。

---

① 张智：《我国业余网球技术水平分级测评的思考》，《体育科技》2015 年第 4 期，第 11—12 页。

（5）3.0

正手：有较好的稳定性，也基本能控制方向，但击球深度还不够。

反手：能提早准备，可以打出比较稳定的中速球。

发球/接发球：发球的节奏感有了，但大力发球时稳定性差，二发明显慢于一发；接发球比较稳定。

网前：正手截击已经比较稳定，反手差一些，对低球和远身球还很头疼。

特征：已经能打出比较稳定的中速球，但并不是每一拍都很舒服。在控制击球的深度和力量时还显得力不从心。能挑出比较稳定的高球。在双打中与同伴的站位组合基本上是一前一后，上网还不积极，网前攻击力也不强。

2. 中级水平（3.5）

正手：能打出稳定而有变化的中速球，能很好地控制击球方向，上旋球水平提高。

反手：回中速球时能控制方向，但还处理不好高球、快球。

发球/接发球：开始能控制落点并加力，也能发出上旋球；能稳定地接中速发球并控制回球方向。

网前：上网更积极，步伐正确，能截击部分远身球。正手截击稳定，反手还不理想。接对方的截击球还有困难。

特征：对中速球的方向已控制得不错，但击球的深度和变化还不够。能在跑动中稳定地回击过顶球，开始能随球上网、放小球和打反弹球。二发基本能控制落点。在双打中网前更积极，对场地的覆盖面增加和与同伴的配合能力也在提高。

3. 中高级水平

（1）4.0

正手：击球已经有相当的把握，回击中速球有深度，能对付难接的球。

反手：能稳定地回击中速球，能加上旋，也有深度。

发球/接发球：一发和二发都能控制落点，一发力量大，能带旋转发球；接发球稳定，极少出现主动失误；单打接发球有深度，双打接发球能根据需要而变化。

网前：正手截击能够控制并有深度，反手截击有方向但缺乏深度，学会截击远身球和低球。

特征：已能打出有把握的中速正、反手边线球，也能控制击球的深度和方向。能够抓住机会或是对手的弱点打出得分球。已经会使用挑高球、放小球和截击技术，而且其中有些球能够得分。发球偶尔也能直接得分。在多拍拉锯对攻中，可能会因为不够耐心而丢分。双打中能抢网，随球上网，也明显能够与同伴配合。水平达到这一级别的运动员在目前国内（中国）的业余网球赛中一般都能拿名次。

（2）4.5

正手：非常有把握，能充分使用速度和旋转，有良好的深度控制，回击中速球有攻击力。

反手：能控制方向和深度，但在受迫时会失误，回击中速球能加力。

发球/接发球：发球有攻击力，能同时运用力量和旋转；二发能发到希望的位置，极少出现失误。能接好对手的大力发球；能抓住对方二发软的机会，打出有深度和落点的回球。

网前：能连续截击对方的回球，步伐到位，反手截击能控制方向和深度，网前的力量使用能轻重结合。常犯错误还是拉拍动作过大。

特征：能有意识地在打出有攻击力的落点球（如对方反手位）后随球上网，并靠连续的截击或高压球得分。击球速度加快，能避开自身弱点，但在处理难接的球时往往发力过猛。在比赛中能打出各种变化的球，开始针对不同对手来调整每盘的节奏，双打中网前能提早判断，回球更具进攻力，开始控制比赛节奏。

4. 高级水平

（1）5.0

正手：在大力击球时能控制方向、深度和旋转，落点准确，能利用正手取得进攻优势，也能根据需要打出轻球。

反手：能打出稳定的进攻球，多数情况下能控制好方向和深度，并有不同的旋转。

发球/接发球：能发到对方的弱点位置上，为进攻取得优势；能有把握地变化发球；二发能利用深度、旋转和落点使对手回球软，为自己下一拍做准备；接发球能控制好深度和旋转，并能根据情况选择大力进攻或减速。

网前：截击有深度，能控制速度和方向，难截的球也能打出深度，能抓住机会靠截击得分。

特征：运动员对来球能做出很好的判断，在比赛的关键球上经常有出色的表现并能拿下关键分。能够稳定地打出得分球，能救起小球和化解对方的截击球，也能成功地挑高球、放小球、打反弹球和打高压球。能根据对手情况变化战术，双打中与同伴配合默契。随着经验的增加，不像 4.5 级球员那样容易败给自己；与 5.5 级的选手相比，输球更多是由于心理或体力原因。

（2）5.5

特征：力量和稳定性（或二者之一）已经成为该级别选手的主要武器。能根据对手的抛球、站位、拉拍等动作进行判断，为自己下一拍提前做准备。在激烈的比赛中能变化战术和风格，在紧急关头能打出有把握的球。

（3）6.0

特征：这一级别的选手一般在高中、大学期间就为参加比赛而接受过强化训练，并在选拔赛中拿过名次。

（4）7.0

特征：这已是国际级别的选手，他们参加国际大赛并以比赛奖金为收入来源。

（二）不同季节打网球需要注意的事项

网球是一项主要在户外进行的运动，受到地理位置、环境条件以及气候等多重因素的影响。为了实现锻炼身体并提高网球技术水平的目的，普通的网球爱好者应该尽力避免不必要的运动伤害，打球时需要根据季节的变换，了解相应的注意事项。

1. 春季打球需要注意的事项

寒冷的冬季过后，网球爱好者第一次上场打球时需要做好充分的热身活动，以及适当降低运动量和强度。

春季正是运动伤害最容易发生的时间。无论是业余运动员还是专业运动员都需要严格防范。春季乍暖还寒，运动员身体的关节、肌肉、韧带等生理机能尚未完全适应春季气候，需要一个调整过程。然而，如果在兴奋的情况下尝试执行平时不常使用的高难度技巧，则可能会对肌肉、关节和韧带等组织造成巨大的损害，这是非常危险的。可以通过不断参加网球训练活动，逐步增加运动强度和运动量，直到恢复日常打球时的最佳状态。

运动员在进行热身准备活动时，应该适当增加衣物，不要随便脱衣。随着热身效果的提升，可以适当脱衣。一开始打球时不要穿得太薄，因为这会导致如下两个问题。一是可能着凉，进而感冒。二是初春天气仍旧寒冷，穿得太少可能会导致肌肉和关节僵硬，影响运动效果，并可能引发运动损伤。

在打球过程中，如果感到身体开始少量出汗，需要脱掉一些衣服时，尽量确保最外层的衣物能够抵御风寒、有保温效果，最好是选择穿运动风衣。

在网球运动结束后，最好及时更换湿透的内衣以免受凉感冒。同时，应该尽快穿上衣服，并做一些适当的放松练习。

大多数网球爱好者在漫长的冬季可能会降低打球的频率和减少打球时间。一到春天，重新拿起球拍运动时，会发现技术水平明显下降了。实际上，这可能不仅仅是因为球技生疏了，也有可能是拍弦有问题，需要更换。此外，如果还在使用之前使用过的网球，可能会出现打球不适应的情况，原因在于球体内部的压力已经发生变化，导致球变软变重。因此，在春季，在打球高频时期，要定期更换拍弦和球，这有助于人们快速进入最佳打球状态。

如果连着很多天下雨，天气刚放晴就去打球，应该留意以下几点：必须确保场地地面没有积水，尽量让地面保持干燥，以防滑倒，也避免球被沾湿。在球场运动时，应逐步增加运动强度，合理掌控运动量，避免出现过于激烈的动作。倘若在打球时下起了雨，应该立刻离开球场，不要在雨中打球。否则，一方面可能会引起感冒或其他健康问题，另一方面让球的湿度增大，增加手部负担。

2. 夏季打球需要注意的事项

在夏季打网球时，仍然要保证充分的热身准备。现在，有很多热爱这项运动的业余爱好者和一些专业的球员，他们在冬季打球时，非常重视预防运动损伤，因此都会做充足的热身准备。然而，进入夏季，他们受高温环境和体力因素的影响，不再进行充足的热身准备，只是稍微活动一下就开始打球，这往往会使身体难以达到最佳的运动状态。在打球的过程中，身体容易产生疲劳，甚至有可能产生运动损伤。因此，在气温较高、身体感到疲倦的情况下，进行热身活动显得更为重要。一方面，充足的热身活动能够激活身体机能，使其快速地进入良好的运动状态；另一方面，适当的热身活动还可以缓解身体疲劳，避免不适当的姿势导致的运动损伤。

最好不要在夏季炽热的阳光下进行网球运动。在夏季炎热的天气中，如果暴露在强烈的阳光下很长时间，不仅会加速身体疲劳，还容易引起中暑，并且暴晒也会对皮肤造成非常严重的伤害。因此，如果在烈日暴晒的情况下打球，一定要做好防护措施，戴上遮阳帽。不要因为天气炎热就赤裸上身运动，这不仅不文明，还会对皮肤造成伤害。

夏季天气炎热，要适当饮水。在高温季节进行网球练习或比赛的一个小时前，先饮用至少500毫升的水。一般来说，挑选稀释后的运动饮料更为适宜，它不仅口感清爽，而且被身体吸收的效果比普通水更好。在锻炼和竞赛期间，需要经常饮水，但建议每次仅轻饮数口，不要过量。许多人在练习和比赛后都会迅速大量饮水，这是绝对不可取的，因为这样会给胃造成额外的负担。切记避免饮用过于冰冷的水，以防刺激喉咙。

运动员需要及时更换被汗水浸湿的T恤。在夏季进行网球运动时，建议携带多件全棉材质的运动T恤，以便在出汗后及时更换汗湿的衣物。如果穿着湿淋淋的T恤在风口处风干，会导致身体消耗更多的能量，进而容易感到疲倦。此外，若不及时更换湿透的内衣，还会导致皮肤滋生细菌。

需要合理安排运动强度和运动量。运动员应根据个人的体能特点科学规划运动强度和运动量。夏季高温时，应适度控制运动时间，一旦出现疲劳或身体不适，应立即停止网球运动，避免出现中暑现象。不要过度加大运动强度，维持在平常锻炼的70%左右即可。

维持高质量的睡眠和健康的饮食习惯是必要的。缺乏充足的睡眠会导致在夏季打球时更容易出现疲劳感，增加中暑的风险。在夏季进行网球运动时，需要注意饮食搭配，增加碳水化合物和含丰富维生素、矿物质的食物摄入量。因为随着汗液的流失，身体会失去营养物质，在此时及时补充有助于维持身体内部的营养平衡。

千万不要在运动过后用凉水往头上淋，也不要在运动后急于跳入泳池或用凉水冲洗身体。在运动过程中，经常有人将水淋在自己的头部。当头发潮湿时，随着水分的蒸发，身体会额外消耗能量，这样会加大中暑的风险。如果在网球运动结束后，立刻跳入泳池降温或用凉水冲洗身体，这种不良行为会使身体突然受到冷刺激，进而对身体机能造成不可估量的伤害。此外，在疲惫的状态下，迫不及待地跳入游泳池或河流游泳是非常危险的，因为此时很容易出现肌肉抽筋的情况。

3. 秋季打球需要注意的事项

当在秋季早上打球时，应该将重点放在练习球感、球性和基本技巧上。在早晨打球时，应该避免过度运动，要适度控制运动强度和运动量。对网球爱好者来说，秋季是一个很适宜晨练的季节。然而，为了确保后续工作和学习的正常进行，要合理安排练习内容，控制好运动强度，避免因运动过量而在工作中感到疲劳。

在秋季下午进行网球运动时，需要关注衣着是否保暖，注意天气变化。尽管在秋季有时还会感觉到热，但是到了下午，接近傍晚的时候，气温会很快地降下来。如果此时衣着过于单薄，运动强度较低，就很容易着凉感冒。因此，在太阳落下之前，如果感受到一丝丝凉意，就应及时穿上外套。

在打球后，要及时更换汗湿的内衣。秋意凉爽，在停止练习时，要及时换下湿透的衣服，并穿上外套。不要执意穿着汗湿的衣服继续运动，否则可能会感冒。

秋季昼夜温差较大，特别是在傍晚时分，应该适当增加衣物来保暖。在上场打球之初，要穿着适当的外衣御寒。进入深秋以后，应更加注意添加衣物保暖，尤其在晚间打球时。

4.冬季打球需要注意的事项

进入冬天以后，天气渐渐变冷，因此不管是在室内打球还是在室外打球都要坚持做充足的热身活动。在冬季，如果运动场地在室外，许多网球爱好者一般会比较自觉地做一些热身活动，然而，运动场地一旦转移到室内，许多人就不会自觉地做充足的热身活动，直接开始运动，因为他们认为室内非常温暖不需要做太多热身活动，并且他们也非常珍惜场地租赁时间。

在练习时，许多人没有按照从近到远、由慢到快的顺序进行练习。这导致一些人出现了运动损伤和长期的关节劳损症状。在寒冷的冬季，人体的肌肉、关节和韧带通常都会处于紧缩状态。当进入温暖的室内球场时，体表温度确实上来了，但身体肌肉仍处于寒冷状态，无法立即恢复到温暖状态。因而，无论是在户外还是室内打球，都需要认真地进行热身运动。

注意正确调整网球拍弦。由于气温寒冷，球拍和拍弦可能会"冷缩"，降低使用体验感。一般来说，球拍的热胀冷缩系数会比拍弦小，因此在冬季打球时，通常会感觉拍弦比平时更加紧绷，在这种情况下，要适当地调低拍弦的磅数，以确保能够正常地打球。

要挑选气压比较稳定的网球。由于气温较低，有些旧球会变重、变软，这会导致打球手感较差，手腕和手臂会承受更大的力量，如果长时间保持这种状态，就会对手部造成损伤。因此，应该及时淘汰那些旧球，使用气压符合标准的球进行练习。

当场地上还有残雪或薄冰时，不得进行网球运动。在冬季，由于网球场面积较大，在清扫维护时，有时难免打扫得不彻底，偶尔会有少许残冰或残雪。这个时候需要谨慎一点，不应为了一时的痛快贸然开始运动。

在寒冷的冬季打球，人们通常会选择在上午 10 点到下午 3 点之间进行。在较低的气温下进行球类运动，不仅会给球拍和球带来影响，还会加重身体负担，危险性较高。过于寒冷会严重限制肌肉、关节及韧带的运动能力。所以，即使要打球，也要选择较暖和的时间段进行。

第三节 网球规则要点与裁判要点

一、网球规则要点

打好网球不是一件容易的事，但这并不是说学打网球很难。相反，它的运动规则是非常简单的。只要时时刻刻记住把球打到对方的界内就可以了。除此之外，还应注意：发球时球不能擦网，擦网球要重发；连续两次发球没有发到界内，称作双发失误，直接被判失分；击球时球拍不可离手，也就是说把拍子扔出去击球是犯规动作；没用球拍击球，而用身体把球回过去，也同样是犯规动作；在网球场上应该保持良好的心态，不能口出不逊，要服从裁判的判罚，不应侮辱对手及用球拍故意摔击场地。如果发生上述行为，会被警告，甚至被判失分。

（一）发球

1. 发球前的规定

发球员在发球前应先站在端线后、中点和边线的假定延长线之间的区域里，用非持拍手将球向空中任何方向抛起，在球接触地面以前，用球拍击球。球拍与球接触后，就算完成球的发送。

2. 发球时的规定

发球员在整个发球动作中，不得通过行走或跑动改变原站的位置，两脚只能站在规定位置，不得触及其他区域。

3. 发球员的位置

在每局开始，先从右区（一区）端线后发球，得或失 1 分后，应换到左区（二区）发球。发出的球应从网上越过，落到对角的对方发球区内，或其周围的线上。

4. 发球失误

发生下列任何一种情况，均为发球失误。

①未击中球。

②发出的球在落地前触及固定物（球网、中心带和网边白布除外）。

③违反发球站位规定。发球员第一次发球失误后，应在原发位置上进行第二次发球。

5. 发球无效

发球触网后仍然落到对方发球区内，或接球员未做好接球准备，均应重发球。

6. 交换发球

每一局比赛结束后，接球员成为发球员，发球员成为接球员，发球员和接球员均依次互相交换，直至比赛结束。

（二）比赛通则

1. 交换场地

双方应在每盘的第 1、3、5 等单数局结束后，以及在每盘结束双方局数之和为单数时，交换场地。

2. 压线球

只要是压在线上的球都是界内球。

（三）计分方法

1. 1 分

遇到下列情况时，判对方胜 1 分。

①发球员连续 2 次发球失误或脚误时。

②接球员在发来的球没有着地前用球拍击球，或球触及自己的身体及所穿戴的衣物时。

③在球第 2 次落地前未能还击过网时。

④还击球触及对方场区界线以外的地面、固定物或其他物件。

⑤还击空中球失败。

⑥在比赛中，击球员故意用球拍拖带或接住球，或故意用球拍触球超过一次。

⑦"活球"期间运动员的身体、球拍（不论是否握在手中）或穿戴物等触及球网、网柱、单打支柱、绳或钢丝绳、中心带、网边白布或对方场区以内的场地地面。

⑧还击尚未过网的空中球（过网击球）。

⑨除握在手中（不论单手或双手）的球拍外，运动员的身体或穿戴物触球。

⑩抛拍击球。

⑪在比赛进行中，运动员故意改变其球拍形状。

2.1 局

运动员每胜 1 球得 1 分，先胜 4 分者胜 1 局。如果双方各得 3 分时，则为"平分"。"平分"后，一方先得 1 分时，为"接球占先"或"发球占先"。占先后再得 1 分，才算胜 1 局，即必须连续胜 2 分。

3.1 盘

某一方先胜到 6 局为胜 1 盘，如果双方各得 5 局时，一方必须净胜 2 局才算胜 1 盘。

4. 决胜局（以短盘制为例）

（1）当局数为 6∶6 时，决赛盘除外，除非赛前另有规定，一般应该按以下办法执行。

①先得 7 分者胜该局及该盘（若分数为 6 平时，一方须净胜 2 分）。

②首先发球员发第 1 分球，对方发第 2、3 分球，然后轮流发 2 分球，直到比赛结束。

③第 1 分球在右区发，第 2 分球在左区发，第 3 分球在右区发。

④每 6 分球和决胜局结束发球员和接球员都要交换场地。

（2）计分方法（短盘制）

①第 1 个球（0∶0），发球员 A 发 1 分球，1 分球之后换发球。

②第 2、3 个球（报 1∶0 或 0∶1，不报 15∶0 或 0∶15），由 B 发球，B 连发 2 分球，先从左区发球，后换发球。

③第4、5个球（报3∶0或1∶2，2∶1，不报40∶0或15∶30，30∶15），由A发球，A连发2分球，先从左区发球，后换发球后。

④第6、7个球（报3∶3或2∶4，4∶2或1∶5，5∶1或6∶0，0∶6），由B发1分球之后交换场地，若比赛未结束，B继续发第7个球。

⑤比分打到5∶5，6∶6，7∶7，8∶8……时，需连胜2分才能决定谁为胜方，但在记分表上则统一写为7∶6。

⑥在决胜局打完之后，双方队员交换场地。

（四）双打规则

1. 双打发球次序

在每盘第1局开始时，由发球方决定由其中一人首先发球，对方则同样地在第2局开始时，决定由其中一人首先发球。第3局由第1局发球方的另一球员发球。第4局由第2局发球方的另一球员发球。以后各局均按此次序发球。

2. 双打接球次序

先接球的一方应在第1局开始时，决定其中一人先接发球，并在这盘单数局，继续先接发球。双方同样应在第2局开始时，决定其中一人接发球，并在这盘双数局继续先接发球。他们的同伴就在每局中轮流接发球。

3. 双打还击

比赛时应该由队内队员轮流击球。如运动员在其同队队员击球后再以球拍触球，则被判对方得分。

（五）网球运动员的行为准则

为保证比赛顺利进行，运动员上场比赛都必须遵守下列各项规定，若有违纪，裁判长和裁判员可按照准则条例处罚。

1. 准时比赛

凡参加比赛的运动员必须按照规定的时间报到，逾期10分钟而未能上场比赛者，视为自动弃权。如果竞赛规程中有"紧跟上场"的原则，运动员应随时准备上场比赛，时间从前场比赛结束之后算起。

男子比赛第3盘、女子比赛第2盘，混双比赛第2盘结束后，可以休息10分钟。如果运动员在超过规定的休息时间后仍未上场，则应取消其比赛资格。

2. 服装合适

运动员应穿整洁的短袖衫与短裤上场，网球比赛提倡女子运动员穿短裙。运动员不得穿背心或商标尺码大于 18 平方厘米的服装上场比赛，但标有省、市名称的服装除外。

在双打比赛中，配对运动员应穿颜色和式样相同的服装。主裁判和裁判长有权暂缓不符合服装要求的运动员的比赛，对不服从者，可取消其比赛资格。

3. 离场

在比赛进行中，对于未经其许可而擅自离开比赛场地，或中途退场的运动员，裁判应取消其比赛资格。

4. 比赛弃权

任何运动员报名参加比赛，不得无故弃权。确因受伤、患病或其他非本人力所能及的事故而必须弃权时，当事人必须请竞委会认可的医生开具病假单和有关方面的证明，竞委会批准后方可不参赛。

5. 礼貌待人

比赛双方运动员在赛前和赛后都应该相互握手致意，并在比赛结束后，与裁判员握手致意。

二、网球裁判要点

（一）裁判长的任务和职责

对于竞赛规则及规程、行为准则和网球规则等问题，都有现场最终解释权和处理权。

组织安排必要的赛前会议与培训，使全体裁判人员能全面了解所运用的所有规则与程序。

指定一名裁判组长，并确保能胜任其职责。

批准所有比赛场次的主裁判和司线员的任务安排。

在认为有必要改变一场比赛中的裁判工作时，可以撤换主裁，也可撤换、轮换或替换任何司线员或司网裁判。

评价所有主裁判的表现。

确保所有场地、球网、网柱及单打支柱都能符合网球规则，并且每片场地都应配备有以下设备。

裁判椅：裁判椅的高度建议在1.82米至2.44米之间；中心应在球网延长线上距网柱0.9米处。若使用麦克风，麦克风上必须带有开关，固定安装在便于调节的位置，不可手持。裁判椅及其周围（两条端线之间）区域不得安装对公共广播有影响的麦克风。在室外比赛，裁判椅应有遮阳设备。

司线椅：发球司线员和端线司线员的座椅，应安放在其对应线靠近挡网处，座椅位置应在距离场地边线外不少于3.7米处；发球中线司线员和边线司线员的座椅，除另有安排外，应放在场地后的角落；当有阳光影响时，司线员的座椅不可安放在使司线员正对阳光的位置。若无阳光影响时，司线员的座椅应放在主裁判的对面。

司网椅：应放在网柱边，并应尽可能地放在主裁判对面。运动员椅应放在裁判椅的两侧。

确保每场比赛均能供给运动员饮水、水杯、毛巾、木屑及其他材料；提供能够量网高和单打支柱位置的直尺、卷尺或其他量具；每一场比赛的主裁判应有一块秒表，以及国际网联比赛记分表和铅笔。

确保赛场后的挡网、广告和后面的挡板或墙壁没画有干扰运动员视线的白色、黄色或其他浅颜色的图案。

在开赛前应决定并公布与比赛有关的条件（例如使用何种网球、地面类型、比赛盘数和其他相关事项）。

在运动员休息的地方设置布告栏，并通知所有的运动员其位置，每日赛程表应尽快在这里张贴。所有运动员都有权从国际网联赛事监督/裁判长处获知每天的比赛安排。

在明显的地点设置赛会时钟，并通知所有的运动员其安置的地点。除另有规定外，手表、怀表等不能用作赛会时钟。

在抽签前，应从比赛组委会处得到"外卡"（外卡是向那些本来没有资格参加比赛的优秀选手发的，持有外卡就可以参加比赛）运动员的名单；与比赛组委会和一名运动员代表共同研究决定最终报名参赛的运动员名单；排定种子选手所使用的排名表；准备抽签需要的其他相关资料。

签署所有表格并在国际网联赛事监督/裁判长办公室及布告栏上张贴。

在确定的场地内做好每日比赛赛程安排。可以用紧接前场的方式，也可以适当使用限定开始时间的方式安排比赛。每日赛程一旦公布就不能再做改变。

在安排第一天的比赛之前,裁判长可与前一周比赛的国际网联赛事监督/裁判长联系,以便确定仍在其他赛事中比赛的运动员前来参赛有无困难。对于确实有困难的运动员,国际网联赛事监督/裁判长在不损害赛程安排公平合理性的前提下,可适当给予照顾。

单打预选赛应在正选赛开始前一天完成。除因天气或不可避免的因素打乱赛程外,预选赛中一名运动员每天最多不能安排超过两场单打比赛。

若必须在一天内赛完一轮以上的预选赛,则比赛顺序应按比赛抽签表由上至下或由下至上进行。

除天气或其他不可抗拒的因素扰乱赛程外,不能安排运动员每天超过一场单打和一场双打比赛。除国际网联赛事监督/裁判长特定安排外,一名运动员的单打比赛应在他同一天进行的双打比赛之前进行。

当在沙土地和其他松软表面的场地上进行比赛时,在开赛前要确保场地地面平整、场地上的线清晰。

设定一个特别的区域,采用合理的方式,通知运动员按赛程的安排上场比赛。运动员在被通知上场比赛后,必须做好上场比赛的准备。在特殊情况下,国际网联赛事监督/裁判长决定何时通知运动员上场比赛,或裁定何时确实已通知运动员上场比赛。

如果运动员因为天气原因在比赛开始前不能练习,裁判长有权决定是否延长热身时间(通常是10分钟)。

若气候恶劣或其他无法避免的因素,导致正在进行的比赛中断或暂停。这时,一般不会让一名运动员1天进行2场单打比赛。如果有必要完成比赛,可将比赛移到其他室内或室外场地进行而无须考虑场地的地面性质与类别。

在天气不良、光线不足或其他情况下,决定何时暂停比赛。若因天黑暂停比赛,则会在1盘比赛结束或1盘比赛进行到双数局后中止比赛。

在比赛期间,负责调查"违反行为准则"的情况,实施罚款,填写所有有关违反行为准则运动员的证明材料,并传送复印件。

在比赛期间,有比赛进行,国际网联赛事监督/裁判长就都要在场。

国际网联赛事监督/裁判长在比赛期间不可上场担任主裁判。

所有的赛事监督/裁判长在国际网联男子和女子巡回赛期间,必须有一台计算机和一个可靠的个人电子邮箱供现场使用。

（二）裁判组长的任务和职责

为比赛召集足够数量的、可以胜任比赛裁判工作的裁判员。

组织裁判员进行必要的赛前培训，包括复习网球规则、竞赛规程和行为准则。

准备一份包括比赛中所有裁判员的名单，并注明通讯地址及各自的裁判级别（国际网联认证的或国家网协认证的）。应将此名单复印后交国际网联赛事监督/裁判长各一份，如果需要，传送给国际网联一份。

安排比赛期间每天裁判员的临场比赛工作，并征求国际网联赛事监督/裁判长的同意。

赛前召集所有临场裁判员召开碰头会，介绍场地安排，执法程序，呼报、手势的要求，轮换安排及其他职责等。

评估所有临场裁判员的表现。

在比赛进行中，应始终在场。

除国际网联赛事监督/裁判长批准，裁判组长不能在比赛期间担任主裁判或司线员。

协助国际网联赛事监督/裁判长履行他们的职责。

（三）主裁判的任务和职责

主裁判应十分熟悉网球规则、竞赛规程和行为准则中的所有内容，并应按照国际网联裁判员的要求执行工作。

按照国际网联赛事监督/裁判长的要求，与其他主裁判统一着装。

搞清运动员的姓名及正确发音。

先于运动员到达赛场。

及时召集双方运动员开赛前会；介绍所有与运动员有关的比赛情况；在比赛的准备活动开始前，主裁判为在场双方运动员或队抛掷挑边器选择发球权或场地，如比赛在开始前被暂停，运动员可以重新选择，原先的挑边结果仍然有效；确定每个运动员所穿的服装是否与行为准则中的规定一致，有权要求运动员在规定时间内更换服装或装备，拒不服从的运动员及超过规定时间来到场时，可以取消其比赛资格；如有必要可给予适当的重新准备活动时间。

应备有秒表用来计时：如准备活动一般为5分钟，分与分之间间歇20

秒，90秒换边，120秒盘间休息时间，以及规则条款中所规定的其他所有特定时间。

确保有足够数量的比赛用球，包括用于替换的旧球。

裁判比赛中发生的一切事实问题（包括呼报没有司线员看的界线）。

确保双方运动员及所有临场裁判员遵守规则。

在认为有改善裁判工作的必要时，可撤掉、轮转或更换任一司线员或司网裁判。

主裁判对比赛中出现的规则问题首先做出裁决，运动员有权对此向监督和裁判长提出申诉。

按照国际网联规定的程序，在每分结束后宣报比分。

当司线员或司网裁判呼报不够响亮时，或当需进行证实，以消除运动员疑虑时，主裁判要重复呼报。

在比赛中，按照国际网联的程序填写国际网联比赛记分表。

只有当司线员明显误判时主裁判方可改判，并且必须在司线员出现错判后立即改判。一切改判均应符合国际网联的程序。

当运动员明显脚误，而司线员未呼报时，主裁判应按照国际网联改判司线员明显误判的程序进行呼报。

负责检查所有球印。除沙土球场外，其他场地则不检查球印。

尽力维持观众秩序。当观众妨碍比赛进行时，主裁判应婉言相劝，请求合作。

在比赛时，主裁判应负责引导球童协助运动员，而不要干扰运动员。

负责换球，并确认比赛用球是否适合比赛使用，确保比赛时场上的比赛用球数量充足。在丢球后，根据实际情况马上补足。如果需要补充球，热身期间和两局之内补新球。

适时提前开启球筒并仔细地检查每个球以避免比赛因换球而延误。

决定场地是否适合比赛使用。如果比赛中周围条件发生变化，主裁判认为不适合继续进行比赛时，或因雨或其他因素而迫使比赛暂停时，主裁判应中断比赛并报告国际网联赛事监督/裁判长。从暂停比赛至改期再赛期间，主裁判应确保自己和其他所有临场裁判人员做好随时重新比赛的准备。

若因天黑暂停比赛，则应在整盘结束，或1盘的双数局赛完后暂停比赛。

当国际网联赛事监督/裁判长同意暂停或延期比赛后，主裁判应记录时间和比分、局数、盘数、发球员姓名，双方在场上的位置并收好所有比赛用球。

在比赛后，主裁判应向国际网联赛事监督/裁判长全面汇报有关比赛中的所有执行行为准则的情况。

（四）司线员的任务和职责

履行国际网联裁判员工作程序中所规定的职责。

与其他司线员一起按照国际网联赛事监督/裁判长的要求着装。司线员不可穿影响运动员视觉的白色、黄色或其他浅色服装。

按照工作分配准时到场。

选择一个合适的位置，以取得最佳看线效果。

只负责呼报在自己所管辖界线内的球，对其他线的宣报不做判断。

端线、边线或发球中线的司线员负责呼报脚误。

当不能做出呼报时，应立即做出未看见手势。

立即更正错误呼报。

在球确实触地之前不能呼报"出界"或"失误"。

当主裁判改判呼报时应保持沉默。运动员的一切询问交主裁判处理。（唯一可以回复运动员的是在呼报脚误后运动员对于哪只脚脚误的询问。）

当运动员违反行为准则而主裁判没发现时，司线员应立即向主裁判报告。

跟随运动员去厕所或换衣服以确保运动员没有把休息时间用作其他目的。如果发生违反规定的情况，司线员应告知运动员并向主裁判报告具体情况。

不为运动员拾球或递毛巾。

不与观众交谈。

不为运动员鼓掌喝彩。

未经主裁判允许不得离开场地。

端线、边线、发球中线和发球线的司线员（随接球方轮转），按其相应负责的线，呼报"出界"和"失误"。

司网裁判呼报"擦网"和"穿网"，并协助量网和换球。

端线、边线和发球中线的司线员按其相应负责的线，呼报"脚误"。

第四节 网球竞赛与组织安排

一、竞赛组织机构和职责

（一）机构构成

竞赛组织机构包含若干个部门（见图1-1），可以根据赛事级别的不同予以调整。

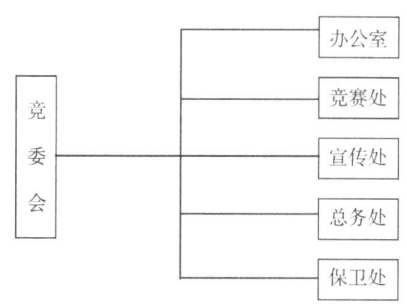

图1-1 常规竞赛组织机构图

（二）不同组织机构的职责

1. 办公室

制定大会文件、竞赛规程、赛会通知、补充通知等。

召开有关会议，下达任务，协助竞委会工作。

接受运动员报名和对运动员进行资格审查。

2. 竞赛处

编排比赛日程，编印秩序册、成绩册、成绩公告。

印制竞赛用的各种表格。

安排各参赛队进行赛前场地适应性练习。

在联席会上通报比赛中有关执行规定要求。

检查场地和器材。

比赛当天及时登记和公布比赛成绩。

协助裁判长组织裁判员学习。

遇特殊情况要协助裁判长通知各队更改后的比赛时间和赛场。

3. 仲裁委员会

仲裁委员会一般由3~5人组成，主要负责以下工作：对比赛中发生的事端及纠纷进行处理；协助竞委会审查报名队伍和队员的资格；负责复审比赛期间在执行规定、竞赛规程中发生的纠纷；对受理的申诉、控告等及时处理，不影响比赛的正常进行。

4. 宣传处

协助竞委会筹备和召开新闻发布会。

组织整个比赛宣传报道工作。

组织评定团体和个人的体育道德风尚奖。

5. 总务处

负责大会的接待、交通、食宿、票务、医务等工作。

6. 保卫处

负责大会期间的各项安全工作，如运动员和裁判员等大会人员的驻地，以及比赛场地秩序。

二、竞赛组织工作

（一）赛前准备工作

赛前准备工作包括以下几方面。

办公室负责拟定大会文件、赛前会议、发奖安排等工作。

总务处负责接待、交通、食宿、票务、医务等行政工作。

竞赛处负责以下工作：根据规定和报名队的具体情况编排比赛日程，编印秩序册并及时发放到各有关单位；印制竞赛用的各种表格；安排好各参赛队赛前场地的适应性练习；组织调研和对辅助人员培训；裁判长组织裁判员进行业务学习和实习，并进行裁判员分组和确定负责人，裁判长检查场地和器材落实情况，在联席会上通报比赛中有关执行规定要求等。

宣传处协助竞委会召开新闻发布会，让更多的宣传媒体介入赛会进行宣传报道。

保卫处根据比赛的需要组织安排一定警力，确保比赛安全顺利进行。仲裁委员会与竞委会共同审查报名队和队员的参赛资格。

在采用主客场制组织竞赛时，由组委会下设的技术监察委员会向各赛区指派技术代表，他们要对赛区、裁判员、运动员等工作全面负责并及时向组委会汇报。

（二）赛时工作

竞赛处要及时登记和公布当天比赛成绩，同时应经常检查和妥善管理场地器材与设施；在遇到特殊情况如大赛需要更改比赛场地、时间等时，要及时通知各队。

办公室应深入各队听取意见、改进工作，保证运动员、裁判员、工作人员的伙食、洗浴及休息。

赛场应有医生做好处理伤病事故的准备工作，并做好食品卫生监督工作。

裁判组要合理安排裁判员，及时组织裁判员小结，改进工作，保证比赛的顺利进行。

保卫人员应密切注意与会人员驻地及比赛场地的治安工作，特别是大会临近结束时更要加强保卫工作。

组织好宣传报道和体育道德风尚奖评定的工作。

仲裁委员负责复审比赛期间执行的规定，对受理的申诉、控告等及时处理，不影响比赛正常进行。

（三）赛后工作

竞赛处及时核算当天比赛成绩、排出名次，由裁判长宣布。

召开组委会会议，听取工作汇报及意见，决定体育道德风尚奖评定结果，组织闭幕式和颁奖仪式。

印发成绩册，安排和处理各队及裁判员离会有关事宜。

（四）竞赛规程内容

竞赛规程是网球竞赛的具体法规，是竞赛中各项工作的基本依据。一般由主办单位根据竞赛计划和竞赛组织方案的要求写出初稿，会同有关方面共同讨论，报领导审批。主要内容包括竞赛名称、目的任务、主办单位、比赛日期和地点、参赛单位、报名人数、参赛资格、竞赛办法、名次和奖励、裁判员名单、报名日期、注意事项。

在制定规程时，必须精心设计规程的各项内容。在确定比赛时间时，要注意运动员的竞赛负担量，即每人每天1场单打和1场双打比赛，而且先单打后双打，这是国际惯例，但如遇特殊情况，如下雨等，也可进行合理调整。另外还要考虑比赛期间的节假日情况，尽量把比赛的高潮安排在节假日，如把半决赛和决赛安排在周六或周日。

（五）场地、设备和裁判员用具

1. 场地

网球场地包括沙土地、硬地和草地3种。当上述场地达不到要求时，也可以在水泥地、柏油地（沥青地）或三合土的地面上进行比赛。球场必须有清楚的界线，球场边线外3.66米和端线外6.4米以内不得有任何障碍物（包括相邻的球场）。当由于客观条件的限制达不到这些要求时，可由主办单位对上述要求作必要的修改并作出补充规定。

2. 网球

组织比赛的单位应提供每场比赛的用球，每场比赛至少2个，也可以是4个或6个，这要根据比赛的规模、级别而定。一般情况下，只在有拾球员的比赛中才用6个球。有了用球数量的要求后，还要规定多少局后换球，一般在7和9局后、9和11局后、11和13局后换新球；或在1盘以后，或在3盘2胜比赛中，当盘数在1比1之后换新球。这要根据组织者的财力和不同级别比赛规程的要求而定。

3. 椅子

在有裁判员的比赛中，就应该设置主裁椅，其高度为1.82~2.44米。它应放置在网柱后0.9~1.2米（该椅的中心点距网柱的距离）处。若有司线员，也应放置位于端线和发球线的司线椅。边线和中线的司线员不用座椅，而是站立执法。要安置运动员休息椅，运动员休息椅应放在主裁椅两旁。

4. 裁判员用具

主办比赛的单位应准备的裁判员用具有记分表、量网尺（用来检查球网的高度，以及当在双打地上进行单打比赛时丈量单打网柱的位置）、秒表（网球比赛中的必需品，因为规则规定运动员不可无故拖延比赛时间）、挑边器（可用硬币代替）和铅笔。

第二章

网球运动的新发展

本章主要从三个角度展开论述：网球运动新环境、网球运动与当代文化、网球运动与全民健身。

第一节 网球运动新环境

一、与时俱进的大体育观

要树立与时俱进的大体育观，必须处理解决好体育的"融入"问题。

1. 体育要融入社会主义市场经济的汪洋大海

要想实现体育观的与时俱进，必须将体育融入社会主义市场经济之中，只有将体育与社会主义市场经济相结合才能够实现体育更好的发展，离开社会主义市场经济，体育观的与时俱进也就无从谈起。

随着我国经济水平的不断提升，国家对于体育产业的相关投入也在不断增加。从近些年来我国体育产业的发展情况来看，体育产业的发展速度在不断加快，体育社会化的程度也在不断提升，体育产业蒸蒸日上，这也充分表明了融入社会主义市场经济的重要性。在经济发展新常态背景下，体育产业作为朝阳产业成为国民经济新的增长点，这标志着体育产业迎来了全面深化改革的契机。

体育要想融入社会主义市场经济当中，还有很多方面的问题需要进行改革，如所有制问题、市场机制问题等。体育产业应该讲求两个效益，就是社会效益和经济效益，而不能是大利大干，小利小干，无利不干，完全的市场化操作。

2. 体育要融入人的全面发展的潮流中

要想实现人的全面发展，体育发挥着非常重要的作用。人的全面发展与体育存在着密切的联系，体质增强是提高其他素质的基础。

"融入"问题做好了，同时还需要寓政治、经济、文化于体育工作之中，这样就解决了本基、本源的问题。要实现这一目的，我们就需要在体育的观念上实现"三个冲破"，即冲破地区封锁、部门壁垒、行业界限。

二、协调、和谐、可持续发展的体育

发展是我们党执政兴国的第一要务,发展的思想是我们党建设社会主义、实现现代化的一贯思想。中国解决一切问题的关键在于依靠自身的发展,而发展中出现的问题也需要用发展来解决。当然,发展与改革之间存在辩证统一的关系,发展是改革的目的,改革是发展的动力。

从本质上讲,创新的体育观与科学的发展观还是离不开"什么是体育、如何发展体育"的问题。要做好新时代的群众体育工作应该注意以下几个方面。

1. 要有超前的思维

认识应该具有前瞻性与预见性,工作的设想及预案应该提前做好。超前思维不仅要具备理性,而且应该深入掌握实际情况,另外,还应该抓住事件的切入点,积极推进。

在超前思维方面还应建立防范风险机制,在一些问题上应该有相应的预案。例如,在"全民健身工程"建设过程中应该对其可能遇到的各种风险进行预测,并建立起相应的监管制度与机制,有效防止各种不利情况的发生。

2. 要有高效的观念

在具体的体育工作当中应该讲求高效率与高效益。重效益、要回报,应该时刻把握三个重要原则,即一要符合社会主义市场经济规律,二要符合体育自身的发展规律,三要取悦于民,时刻以群众的利益为重。做任何事情,不仅应该雷厉风行,还要脚踏实地,这样才能够获得更好的工作成效,体育部门应该尤为注意在这方面下功夫。很多事情都需要抓住机遇、果断执行,否则就很可能错过自身发展的良机。

3. 要有团队意识

体育是关系到整个国家未来发展的一项重要工程,它是国家伟大事业中的重要组成部分。任何工作都是通过团队与集体共同推进的,个人只有融入集体当中,才能够得到更好的发展。因此,在体育的发展方面必须树立良好的团队意识,体育组织及个体之间应该相互帮助、相互支持。

第二节 网球运动与当代文化

在新的时代背景下，网球运动不断发展，不仅向广大群众展现出了蓬勃的生命力和巨大魅力，同时对实现全民健身目标也发挥着越来越重要的作用。

一、网球运动与休闲体育文化

（一）网球运动及其文化的概述

伴随着时间的推移，网球运动也在逐步发展和完善，当前已经发展成了世界各国最为流行的运动项目之一。起初，网球运动仅在欧洲贵族间盛行，尽管当前网球运动已经褪掉贵族气息，发展成了集大众化、市场化于一体的运动项目，但因为网球运动在上层社会流行的时间很长且积淀了厚重的文化，同时因为网球运动通常会在经济文化发展较快的地区最先流行，所以网球运动一直被人们视为体育运动中技术含量较高的运动项目之一。

一直以来，网球运动被很多人誉为"第二球类运动"。打网球不仅能让参与者的动作更加迅速、判断更加精准、反应更加敏捷，同时还能让参与者的力量、耐力等获得大幅度提升，有利于身体协调性的发展。长期参与网球运动，不仅能有效改善人体的生理机能和心理机能，塑造人的良好意志品质，同时还能愉悦身心、延年益寿。

网球运动作为时尚体育运动之一，很适宜都市人群参与。绝大部分人认为网球运动属于绅士运动，打网球的人往往带有温文尔雅的气质。对于处在时代前沿且拥有超生活理念的白领以及高校大学生来说，打网球被当成一种时尚。与此同时，网球运动没有限制具体年龄与性别，少年儿童可以在愉悦的氛围下打网球；年轻人可以在参与网球运动的过程中展示自身的身体素质、身体力量以及奔跑速度；中年人和老年人可以根据自身实际情况来选择适宜的运动强度。网球运动具备可调控性与趣味性，能够推动参与者采用科学的强度积极参与运动，最终实现强健体魄、愉悦身心的目的。除此之外，网球运动属于隔网对垒，和肢体碰触运动存在很大差别，所以能够有效避免不必要的伤害。因此，在众多体育运动项目中，网球运动员的运动寿命较长。

网球文化是指以网球为核心的生活方式和价值观，包括网球精神、比赛规则、赛事文化、场地设施等方面。它不仅是一种体育运动，更是一种文化现象。网球文化的内容主要包括以下几个方面。

网球精神：网球精神是每位运动员应该具备的品格，包括坚韧不拔、顽强拼搏、永不放弃、诚实守信等。

比赛规则：网球是一项比赛公正、规则明确的运动，每一场比赛都有明确的规则和判罚标准。

赛事文化：网球的赛事文化非常丰富，不仅有四大满贯赛事、ATP巡回赛、WTA巡回赛等高水平赛事，还有众多的业余比赛和俱乐部赛事，为广大球迷提供了欣赏和参与的机会。

场地设施：除了标准的室内外网球场地外，还有各种特殊场地，如草地场地、红土场地等，这些场地的建设和管理是网球文化的重要组成部分。

（二）网球运动的休闲功能

打网球不但健身效果显著，而且还是交友的有效方式，在网球场上人们能够营造出极为轻松的氛围，所以这项运动很适宜朋友之间的交流。伴随着我国人民生活水平的不断提升，人们开始将越来越多的注意力投入健康方面，全民健身理念被越来越多的人接受。在这种情况下，网球运动被越来越多的人视为和商业伙伴沟通的重要媒介。

白领因为工作关系，每天都需在办公室久坐，活动量相对较少，此外，篮球运动、足球运动以及排球运动较激烈，同时在运动过程中容易和其他队员发生身体接触；乒乓球运动大多在室内进行，容易让人产生压抑感；羽毛球运动容易受风力的影响。选择网球则能够结合自身实际情况适当调整运动量以及运动剧烈程度。除此之外，网球运动具有很强的技巧性和趣味性，参与者每次运动都能有新的感受。

（三）网球运动及其文化的独特性

作为一项体育运动，网球运动不仅很重视运动员的行为，而且也特别注重观众的观赛行为。在网球场上，举止粗俗不仅要遭受其他运动员的嘲笑，同时还需接受相应惩罚。从1976年开始，职业网球赛就制定了详细的行为规范，如滥用球拍、延误比赛等均要接受惩罚，倘若运动员在接受劝告后依旧没有改正，裁判员则有权将其驱逐出场。网球运动礼多的原因是网球运动起初属于贵族运动的一种，运动员与观众均为比较富裕的阶层，这向萌芽阶段的网球运动输入了很多与众不同的文化内涵。当前网球运动正逐渐被越来越多的人接受，在网球运动中占核心地位的文化内涵也被保留了下来。网球比赛的许多礼节是约定俗成的，不存在特殊意义。

网球运动在我国的普及时间较晚，许多人没有对网球规则形成透彻认识。换句话说，观看网球比赛和听音乐会十分相似，观众每时每刻都要严格规范自身的行为，禁止个人行为干扰参赛运动员和其他观众，所有人都要做到提前入场和按时退场，这不仅是尊重运动员的表现，同时也能显现出观众的教养。还需说明的是，观众可以在足球场上呐喊和欢呼，但在网球场上必须时刻处于安静状态，控制好自身情绪。在比赛过程中，赛场上禁止出现人为制造的噪声或者粗鲁行为，原因是网球运动员对环境安静程度的要求比较高，不文明行为会使参赛运动员更加敏感，现场观众的不良行为会对网球运动员充分发挥自身潜力产生消极作用。

在国际运动赛场上，网球运动是职业化程度很高的体育项目，网球职业选手一般会用1年时间前往世界各地参与职业巡回赛，通过累积比赛积分与获得奖金来谋生。需要注意的是，一名网球职业选手即便用1年时间也打不完每年四大洲的各类网球赛事，这点是网球运动和其他运动项目的本质差别。在大众方面，网球运动具备的特殊健身价值和特殊欣赏价值已发展成吸引人们参与网球运动的原动力；同时，在经济发展、生活水平提升、现代人对精神文化需求增加的情况下，网球运动逐步从贵族运动走向绅士运动又走向平民运动。部分网球运动开展得好的城市，城市影响力也在不断提升，网球运动最终发展成了城市明信片之一。通过分析网球运动开展得好的社区。可知，通常这些社区的精神文明建设更加多样化，社区更具活力。对于高校来说，网球运动不但能进一步推动全民健身与竞技体育活动的发展，而且还能大力推进校园文化建设，增加师生间、学生间的交流机会。此外，成片网球场与竞技场也可以成为高校独特的风景线。

网球文化随着网球运动的产生而出现，随着网球运动的发展而发展，可以充分展现出网球运动的价值、精神财富、意识形态等方面的内容。其中，价值是指网球运动能够发展社会经济、提升民族素养，精神财富与意识形态取决于网球运动浓郁的人文特征。通过分析网球文化的价值观念可知，倘若其发育成长到习俗化和大众化程度，则会同其他文化形式一样产生强制性的规范作用，促使人们在最短的时间内和网球文化要求的思维模式、道德规范、行为准则进入协调状态。这同样也属于网球文化的融合作用，其具有无形的、强有力的、潜移默化的力量，能够对人们的思想与行为产生作用。除此之外，网球文化还拥有美化功能。马克思提出"人也按照美的规律来建造"的美学思想，而网球文化则充分美化了网球运动本身，这就在很大程度上提高了网球运动的美学附加值，促使网球运动逐步发展成了受大众欢迎的体育项目，并且使网球运动的社会化程度不断提高。

先进的网球文化应当是民族的、科学的、大众的社会主义文化，同时还能对网球运动参与者以及众多观众形成巨大的感染力。网球运动的文化含量越高，文化氛围就会越浓，人们接受的教育越多，网球文化的影响力将越大，这将能吸引越来越多的人参与网球运动，网球运动的社会化程度也将越高。参与网球运动不但能强身健体，还能提升精神境界与道德情操，提升社会文明程度，有利于民族整体素质的大幅度提升。独特的网球文化可以推动网球运动发展成当前社会深受人们喜爱的一种运动方式。

（四）融合网球运动与休闲体育文化的措施

1. 加强商业宣传

由于当今社会信息传播极快，所以应当充分发挥各类媒体的宣传作用，进而有效提升网球运动的影响力。充分运用网球运动在国际上的品牌效应和名人效应，利用著名网球运动员强大的号召力，有效强化网球文化的商业宣传，有效吸引广大群众，进而提高广大群众在网球市场的消费水平。例如，通过举办国际赛事邀请世界优秀网球运动员来我国参赛，如此不仅能全方位展示优秀网球运动员的球艺，还能让普通观众近距离感受世界各地高水平网球运动员的强大魅力，从而感受网球运动的魅力，最终达到大幅度增加网球运动参与人数的目的。

2. 多组织大型网球活动

倡导网球协会以及部分网球俱乐部有组织地举办不同类型的网球活动，或者有组织地举办不同类型的业余网球比赛，大幅度提高比赛奖励额度，进而形成强大的刺激作用，促使更多的人参与其中。除此之外，也可以采用企业赞助的方式，使赛事规模扩大和赛事档次提升，进而大力推进大众化网球运动的开展。

3. 加强网球场馆建设

在党和国家大力推进全民健身的情况下，我国网球运动的开展条件获得了极大改善，经济发展能够为网球运动发展奠定更加雄厚的物质基础。在政府和企业大力支持的情况下，可以进一步加强网球场馆建设，为网球运动的大范围开展提供更加优质的硬件设施。由此不但能为网球爱好者提供更加便利的条件，而且也有利于网球消费市场的进一步扩大。

4. 加强网球文化建设

网球文化建设属于推动网球运动高效健康发展的关键要素。对于网球文化建设来说，首要任务是充分发掘和深入探究网球运动的价值，并将这个价值提升到理论层面。除此之外，还应深层次挖掘网球运动在艺术层面的内涵和价值，并致力于不断营造网球文化氛围，这也是网球文化建设中至关重要的一部分。如此，不仅能让越来越多的人全面了解网球运动的价值，也能吸引更多的人参与其中并积极探索网球文化的内涵。网球产业的政策法规制定、运营模式和机制，以及人才培养等都涵盖在网球文化之中。毋庸置疑，倘若能够完善网球文化的主要内容，则必然能使网球运动在当今社会发展得更好。要想进一步发展网球运动和网球文化，就必须全面分析当代人的生活方式，充分把握大众体育健身市场的最新发展动态，进而更好地满足在兴趣、运动水平、年龄、职业等方面存在巨大差异的网球爱好者的需求，这必然会成为网球运动发展的主要动力，更好地融合网球运动和休闲体育文化。

二、网球运动与校园体育文化

（一）网球文化的本质、特点及其内涵

1. 网球运动的本质

随着时间的推移，现阶段全球体育文化大体分为两种类型：一种是以中国传统体育文化等为主要内容的东方体育文化；另一种是以古希腊奥林匹克思想为主导地位的西方体育文化。由于西方体育文化最开始受到雅典民族制度与古希腊文化的影响，所以绝大多数西方人信仰泛神宗教，将神的力量与智慧摆在了极为重要的位置，最终形成了具有古希腊独特的审美意识、娱乐意识、个人原则、品德修养的体育风尚，这使得西方体育文化最终成为提倡个体自由竞争、深层次开发个体潜能与智慧的文化。

在国外，网球运动逐步发展成了拥有鲜明代表性的体育运动项目，网球文化如今已经发展成了拥有丰富形式的运动文化，这不但是对奥林匹克精神的西方体育文化思想的清晰反映，同时还体现了包括绅士和娱乐等在内的网球运动文化特征，也充分彰显了西方体育提倡的个体主义精神，另外也体现了人们追求完美、渴望表演、渴望观赏等在内的思想文化。

网球运动是在坚持追求公平竞争、个性解放的社会文化环境中诞生的。当前，热爱网球运动的人分布在不同年龄阶段和不同阶级层次，同时网球运动独有的内涵对网球运动爱好者具备强大的吸引力。

现阶段网球运动文化全面反映了网球运动的竞争性特点、娱乐性特点、秩序性特点等。立足于这一层面加以剖析，一个国家网球文化的发展一定会促进该国网球事业朝着多元化的方向发展，最终使得社会持续向前发展。网球运动可以一直盛行并受到越来越多人的喜爱，必然存在不可替代的价值。通过分析网球运动的发展历程可知，网球运动自产生就拥有贵族血统以及稳固的文化基础，并且也是一项十分时尚、能够彰显个性的运动，极具动感节奏和野性特点，在整个运动过程中传承了公平、竞争、礼仪等文化精神。

2. 网球文化的特点

法国是孕育网球运动的国家，英国是诞生网球运动的国家，美国是网球运动普及与发展到高潮的国家，现如今网球运动已在全球范围内流行。网球运动经历了孕育、形成、发展、成熟四个发展阶段。网球运动在发展过程中融合了很多国家、很多民族、很多文化形态的因子，最后形成了特殊的内涵。

（1）物态文化

网球活动是达到自我完善和自我发展的一种重要物质形式。网球锻炼不但可以使参与者的身体形态和身体机能得到大幅度改善，而且能让参与者反应更加敏捷，精力越来越旺盛，在参与过程中慢慢掌握不同类型的体育锻炼方式，逐步养成比较好的锻炼习惯，最后彻底达到终身体育目标。

（2）制度文化

就网球运动参与者而言，网球运动比赛规则和网球运动比赛制度是一种规范和约束。网球运动一直以来都有着明确的规则和制度，比如，在网球比赛中，有明确的得分规则、裁判规则等，这些规则和制度保证了比赛的标准化和公正性，并且所有参与者都必须遵守这些规则和制度。此外，网球运动也具有一定的历史和传统，这些历史和传统也构成了网球文化的一部分，同时也为这种制度文化提供了更广泛的社会背景。

（3）行为文化

网球礼仪能够有效规范运动员的行为、其他参与者的行为，这对网球运动参与者养成较好的行为素养有积极影响。在网球比赛的过程中，运动员和观众的举止必须符合规范，如运动员要保持衣装整洁，观众不可在比赛过程中随意移动和大声喊叫，运动员彼此间、运动员与观众之间要文明礼让、相互尊重等，这些都是网球运动的不成文规定，都明显体现了参与网球运动的所有人员之间的相互尊重，也体现了对人类尊严的重视。

3. 网球文化的内涵

网球文化是由网球运动起源时本身固有的品质和内涵随着时间的推移逐步发展和积淀而成的。网球文化的四个层次包括物态文化层、制度文化层、行为文化层以及心态文化层。网球物态文化针对器物层，指在网球心态文化的影响过程中，在制度文化与行为文化的双重作用下体现出来的物化产品；网球制度文化与行为文化针对方式层，是网球心态文化具体到网球运动中产生的具体规范和具体准则，是一种集体行为；网球心态文化针对精神文化，占据主导性地位，不但在网球文化中占核心位置，而且也受价值观念、思维方式以及审美情趣等内在思想观念的指导与协调。

换言之，网球运动的物态文化、制度文化、行为文化、精神文化共同构成了网球文化，网球文化具体包括网球运动知识、网球运动制度、网球运动行为准则、网球运动技能等。网球文化特征和校园体育文化所提倡的特征存在内在的一致性。网球运动作为舶来品的一种，从起初进入校园就深受青年人喜爱，并且网球运动内含的文化对高校大学生也逐步产生了影响。由此可知，彼此推动、相辅相成是网球文化与校园体育文化之间的关系。网球文化是校园文化的重要构建内容，就体育类高校而言，体育文化在校园文化中占据核心位置。网球文化是体育文化的一个组成部分，校园体育文化的发展一定能带动网球文化的发展。

在社会持续发展的过程中，人们已从保证生存过渡到了追求高品质的生活，同时尝试体会生活中不同形式的快乐，尤其在意身体和心理的全面发展，所以参与体育锻炼的人数不断增加。校园内参与网球运动的大学生数量不断增加，这在一定程度上带动了校园体育文化的前进，使得我国高校内的网球场地面积持续扩大。

在网球运动不断升温的情况下，网球运动利用大学生喜爱的方式，顺利吸引了很多大学生，网球运动参与者中大学生数量稳步上升。大学生在参与运动的过程中，不但能够慢慢掌握网球运动的各项基本技术，还能领会网球运动的规则、礼仪、协作精神，从而站在特殊角度来认识网球文化。校园内打网球的人数持续增多，有利于促进网球运动的发展和传承。

（二）校园文化的特点及功能

1. 校园文化的特点

作为社会文化的一分子，高校校园文化必然会受到主导文化的影响与制约。但校园文化作为相对独立的文化形态，同时又具备自身独有的特点，详情如下。

（1）相对的超前性

相对来讲，高校不但有掌握很多知识的群体，而且有切实可行的信息传播手段。和其他场所相比，校园里更容易出现新思潮和新需求，文化信息更加先进，文化热点形成迅速，因此，校园文化拥有一定的超前性。

（2）广泛的参与性

校园文化涉及范围极为广泛，同时渗透在教学、科研、后勤、行政管理等所有领域，这在客观上决定了校园文化广泛的参与性。

（3）内容的多样性

因为高校师生兴趣广泛，所以校园文化在内容方面更能体现出多样性。

2. 校园文化的功能

校园文化是社会一般文化与学校的特殊组合，校园文化的基本功能主要有以下几个方面。

（1）教育导向功能

校园文化不仅有利于提升教师与学生的思想觉悟与认识能力，还有利于塑造教师与学生健康美好的心灵。健康、丰富的校园文化活动属于课堂教学与社会实践的交汇点，其不但能对课堂教学缺陷加以弥补，同时也能发挥对课堂知识的巩固作用，有力拓展学生的知识领域，有效激发与发挥学生的各方面潜能，对学生的多项能力展开有效锻炼。

（2）渗透和熏陶功能

校园文化不仅能客观呈现校园主体人格，同时还能全面彰显教师和学生在理想人格与自我完善方面的追求，此外也能时刻影响教师和学生学习与生活的所有环节。校园的学习环境、生活环境、校风、学风均属于无形且深刻的力量，能够对师生发挥潜移默化的作用，使其最终形成共同价值取向，实现行为举止方面的趋同。

（3）管理和规范功能

校园文化不仅能有效凝聚在学校发展过程中逐步确立的优良传统与创新精神，同时还能创造出健康文明、生命力旺盛的校园精神，其可以让每一位师生产生强烈的归属感与自豪感，最终有效发挥其无形的规范力量。

（4）筛选与激励功能

校园文化以及由此产生的群体心理定势对所有外来文化与信息均有筛选功能，校园文化显著的选择性是筛选功能的主要来源。与此同时，校园文化还具备一定的稳定性，其形成过程所需的时间较长，形成之后的改变难度相对较大，通常会呈现出一定的稳定性与相对独立性。除此之外，优秀校园文化有激励人前进的作用，可以增强每一位教师与学生对学校的认同感，能有效激发教师的工作热情以及学生的学习热情，进而有效提升学校的凝聚力。

（5）传播与辐射功能

校园文化是构成社会文化的关键部分。和其他文化相比，校园文化的教育性与辐射性更加显著。校园文化属于教育管理文化之一，其追求的效益属于精神文明与物质文明的总和，属于文化效益之一。校园不仅能向社会各个领域输送合格的现代化人才，也能对自身优秀文化展开有效传播与辐射。校园文化可以持续孕育出新思想与新观念，从而有效推动社会文化的可持续发展，另外校园文化成果可以通过多条途径朝社会辐射，向社会文化施加潜在影响，最终对社会发展发挥促进作用。

（6）娱乐与消遣功能

保障校园文化的健康性与趣味性，这不仅能向教师和学生传输丰富的精神食粮，同时还能对教师和学生的精神进行调节，使师生维持乐观向上的情绪，还能对学生的思想情感发挥启迪作用与陶冶作用，对学生身心的健康发展也具有促进作用。

校园文化的基本功能并非孤立的，而是彼此联系、彼此作用的有机整体，彼此作用的最终结果是形成良好的育人环境。因此，掌握校园文化特征具有很强的必要性，要对校园文化展开科学控制、科学引导、科学设计，只有这样才能高效实现培养个性鲜明、情趣高雅、智能结构合理、政治方向明确、品德高尚、全面发展的人才的目标。

（三）从网球运动中挖掘我国高校校园文化建设的途径和方法

1. 以体育教师的表率和示范作用进行高校校园文化建设

在教书育人过程中，教师占有主导地位，教师的行为举止、思想品德、教学观点均对学生有潜移默化的影响。教师的表率作用，特别是体育教师在身体方面与行为语言方面的健康审美表率作用，对学生身体活动课中的德行教育发挥着关键作用。在高校校园文化建设过程中，学生扮演着主力军的角色。教师可以在网球运动进行过程中，把自身高尚的品行传递给学生，最终将网球运动作为重要途径来有效推动我国高校的校园文化建设。

2. 在体育课教学中树立学生典型进行高校校园文化建设

纵观体育教育过程可知，集体学习氛围与学习风气对全班学习状况有关键影响，所以在网球教学过程中，特别是在素质教育过程中，要将认真学习、坚持锻炼、提升较快的学生当作典型，将典型学生的亲身经历与可取经验作为说服教育的内容，让绝大部分学生养成锻炼身体的习惯，最终形成具有巨大影响力的自我教育团体，真正实现对全体学生的全面教育，进而对高校校园文化建设发挥积极作用。

3. 结合具体的网球教学与训练内容进行高校校园文化建设

在开展网球课的过程中，应当有机结合详细的教学内容，进而增强学生德行教育与校园文化建设的实践性。例如，教师应当大力培养学生的诚信精神，将诚信制贯彻到比赛的所有环节。在比赛过程中，难免会出现误判与错判，针对这种情况教师在比赛开始前就应说明诚信比赛的要求与意义，学生可在自身体验的基础上，对自身品德与言行加以检验，逐步塑造出自觉自律、实事求是的性格特征，使教材内容和教育实践实现有机结合，最终从根本上推动我国高校的校园文化建设。

（四）网球文化对大学校园体育文化的影响

1. 网球文化能够提升校园体育文化境界

就当前而言，网球运动属于流行速度和传播速度较快的时尚运动，参与网球运动的大学生不断增加。网球文化建设是提升校园体育文化的关键部分，也是发展整个校园文化的关键部分。

体育文化的重中之重是强身健体、增加知识、调节感情、增强意志，最终全面提升参与者的身体素质。网球文化重点发展参与者的精神品质，有利于培养身体和心理全面发展的人才。网球运动的运动强度大且速度快，参与者必须具备很强的体力以及较快的反应能力，参与网球运动能有效提升参与者的身体协调性以及各项身体素质；网球运动重视团队配合，学生在参与网球运动与比赛的过程中能够清晰地认识到团队合作的必要性，从而有效提升利他意识与共赢意识，在潜移默化中成为拥有大爱精神的人；网球运动在制度与规则方面均比较严格，学生积极参与网球运动可以有效培养在竞争过程中的进取意识与自我约束意识；网球运动源远流长、健康文明，集传统性与时尚性于一身，不仅拥有深厚的文化韵味，同时也拥有浓郁的动感魅力，大力鼓励学生参与网球运动，让其积极汲取丰富多样的文化养分，能够对学生形成健康的人生观与价值观产生积极影响，最终加快实现学生的人生目标。

从整体分析可知，网球运动可以培养具备大爱精神的全面发展的人才。对校园网球文化展开主动思考，不但能利用网球运动来有效锻炼学生身体，还能使学生逐步形成健康向上的精神，不断丰富学生的业余生活，不断增强学生的沟通能力，全面提升学生的人格修养。因此，和谐、健康的网球文化可以有效升华校园体育文化乃至校园文化，为发展终身体育以及开展全民健身奠定坚实的基础。网球文化和校园体育文化之间拥有紧密联系，但怎样利用网球文化来有效影响校园体育文化，或者利用网球文化来对学生展开精神培育，是高校教师急需解决的问题。

2. 网球文化能够培育大学生文明的思想及行为方式

（1）竞争进取的意识

网球运动对参与者的体力要求与耐力要求相对较高，能够培养参与者的竞争精神并提升其体力持久性。网球比赛对比赛时间没有做出严格限制，出现平分后必须领先2分才可赢得1局，所以综合水平相似的选手间的比赛会异常激烈。驰名中外的网球运动员在比赛场上持之以恒的决心与毅力能够鼓舞很多球迷与网球爱好者，他们不但彰显出了极高的技术水平，同时还彰显了积极进取的精神。在网球运动过程中，比赛胜负并非比赛的重中之重，而是有效展现训练过程和比赛过程中的目标明确的力量对抗、竞争意识。在竞争异常激烈的今天，现代大学生必须树立清晰可见的目标，同时还需逐步形成坚持不懈、积极进取的竞争精神，全身心地投入网球运动中。

（2）文明高雅的礼仪

文明和高雅是网球运动的重要特征，其能将一切粗暴的行为在一种温馨谐和的氛围中释放。[①] 例如，在训练与比赛过程中，往往会出现运动员因自身失误向对方致歉的现象，同时也有发自内心称赞其他运动员的现象。由此可知，严密的规则对网球运动员具有制约作用和规范作用，这对参与者规则意识的培养具有积极影响。与此同时，观赏网球比赛还能使人们形成良好的礼仪习惯，网球比赛要求观众必须保持礼貌、冷静，观众的行为举止是网球礼仪的重要组成部分。由此可知，网球运动属于传递礼仪的活动之一，对参与者的个性塑造具有积极作用。

（3）公平竞争的原则

通过分析网球运动的规则可知，其给予任何一方运动员的机会都是均等的。为使网球比赛的公平性得到有效保障，在比赛尚未开始之前裁判会通过抽签或抛硬币，来决定出首局率先发球的一方。选择出发球员或接球员之后，由对方挑边决定场地方向。在首局比赛结束后，比赛双方交换发球权，发球员和接球员分别变为接球员和发球员。在此之后，每局结束后都互相交换发球顺序，直到比赛结束。网球比赛时常受现场风向和阳光等因素的影响，因此网球比赛过程中需要时常交换比赛场地。当比赛双方都获得3分时，裁判员呼报为"平分"，平分后必须领先2分才可记为赢得1局。网球比赛规则的多个方面均彰显着比赛的公平性与人文精神。在网球运动严密制度性与公平性的影响下，网球运动不断朝着稳定健康的方向发展。高校网球文化指网球文化在大学校园中呈现与发展出的一种特定文化现象，学生是校园网球文化的主体，校园是校园网球文化的产生环境，校园网球文化从产生开始就属于校园文化的一个组成部分，所以校园网球文化必然会受学校管理制度的约束。网球规则和学校管理制度相互融合，最终产生了学校网球的制度文化，其不断对每位师生的言行举止发挥规范作用，使得校园网球文化不断向前发展。

[①] 李丽：《浅析网球运动美》，《新课程（下）》2016年第7期，第237页。

（4）"以人为本"的品质

在网球运动过程中，教师不可以单方面传授网球技能，还需把育人摆在重要位置。学生在运动过程中体现的良好素质属于校园网球教育以及文化教育的结晶，所以教师应当主动探究与推动网球运动的人文教育，将"网球教学"转变成"网球教育"，将培养与提升学生实际能力作为核心内容，对过去的教学思想、教学方法、教学手段进行积极改革，主动接受与学习新技术、新观念，保障每堂课均有崭新的内容，努力营造出共学共进的学习环境，最终打造出别具一格的教育体系。高校不断提高体育教学改革的深度，将全面推进素质教育作为人才培养要求，积极建立以"学"为主的教学模式，营造了激发学生创新能力与实践能力的良好氛围。因此，网球教育的首要任务是培养"以人为本"的品质，教师应重点培养学生的人文精神和人文理念，大力传承网球文化，深度掌握国际网球运动的人文思想、科学原理、教育方式以及基本理论知识，不断激发与提升学生学习网球运动的积极性，即主动地参与网球运动，进而为培养学生在网球方面的人文精神、创新精神以及实践能力打下坚实的理论基础。

三、网球运动与家庭体育文化

对于处在少年儿童阶段的网球参与者来说，他们此时正处于身心发展的关键阶段。对这一群体开展启蒙训练旨在对这些参与训练不久、对网球不太熟悉的少年儿童进行启发和引导，向他们传授基本的网球运动知识。网球运动的启蒙训练与心理、生理健康教育以及家庭、学校和社会心理教育等方面有着紧密联系，所以这一部分仅将少年儿童网球启蒙训练设定为研究网球运动与家庭体育文化融合的出发点与立足点，从而深入阐析网球运动与家庭体育文化融合发展的意义。

（一）少年儿童网球启蒙训练的概述与兴趣培养的意义

21世纪经济飞速发展，在此背景下人才培养效果也得到了显著提升。少年是推动国家发展的重要力量，他们的成长、进步对国家发展有着至关重要的影响。少年儿童的强大和进步与国家的强盛和进步相辅相成。因此，我们必须关注少年儿童的成长与发展。从我国整体国情的角度来看，少年儿童在网球运动方面开始得相对要晚一些，而且也还没有达到较高的普及程度。不同地区在网球运动方面的普及程度存在很大的不同。部分地区网球运动的发展相对其他区域要早一些,那这些地区参与网球运动的人就比较多。学校体育教育对于网球运动的覆盖率还不够高,只有一些省、市将其纳入了课程范畴。近年来,随着我国网球发展的持续推进,越来越多的少年儿童涌入网球运动领域,参与网球运动的人数不断增加。同时,各地相继举行了大量不同级别的比赛,包括青少年网球巡回赛和各种锦标赛,这有效促进了少年儿童网球运动的可持续发展。但需要说明的是,和羽毛球、乒乓球等项目相比,现阶段参与网球运动的少年儿童人数相对较少。国家体育总局网球运动管理中心在鼓励少年儿童参与网球运动、发展网球后备力量方面也投入了大量精力。以上这些都表明,培养少年儿童网球运动员已成为推动我国网球运动持续发展的重要目标。

1. 少年儿童网球运动启蒙训练

当今时代,经济发展速度不断加快,综合国力的竞争也越来越激烈,人才的涌动呈现出此起彼伏的态势。当前,我们需要注重人才的全面发展,培养高水平人才。全面发展的高素质人才应当具备广泛的技能,可以在各种情况下做到灵活应变并拥有持续学习的欲望。此外,他们还应该有较强的团队意识和协作能力,有创新精神、进取心和自信心,并且拥有高尚的品德。现在,我国正在逐步推行素质教育,这是一种推动少年儿童全面发展的教育形式,目的是促进少年儿童在德、智、体、美、劳方面实现全面发展。素质教育要求从生理、心理等方面对少年儿童进行培养,使他们在各个方面都拥有较高水平。

少年儿童网球启蒙训练最先要做的就是帮助少年儿童正确认识网球运动,同时激发他们对网球运动的热情。在这个过程中,他们会学到各种网球技巧和战术,自身的运动心理、身体素质、智力、能力等都会得到很大的提升。少年儿童参与网球启蒙训练可以全面学习网球知识,这对其今后在网球运动方面的发展具有深远影响。

少年儿童处在身心发展的关键阶段,该阶段是运动发展关键期。这一时期也是最有利于他们学习特定运动技能的时期。在这一时期,少年儿童的学习能力是最强的。在网球启蒙训练的早期阶段,我们可以对少年儿童掌握网球技能的速度有一个大概的了解。据我国教育专家观察,少年儿童运动发展关键期的成熟时间各有不同,运动发展关键期的每个阶段都会在很大程度上影响少年儿童的训练。相较于中晚期,早期是最佳的学习时期,中期则次之,晚期效果则不如前两者。在进行网球启蒙训练时,有些孩子已经在运动发展关键期之前就掌握了特定的运动技能和知识。然而,还存在一些少年儿童还没有到运动发展关键期或者在运动发展关键期没有得到有效的锻炼的情况。所以,在网球启蒙训练初期,少年儿童在学习和掌握基本网球技能时,会存在掌握速度不同的现象。在进行启蒙训练时,教练员应当及时反馈少年儿童学习各项技能的实际情况。通过进行网球启蒙训练,少年儿童可以更早地掌握网球的基本知识和技能,从而为他们未来在这项运动中的发展打下更加牢固的基础。

网球启蒙训练主要从以下两个方面影响少年儿童。

一是帮助他们养成良好的运动习惯。人的习惯是在成长过程中逐渐形成的,好的习惯会对人的一生产生深远影响。然而,良好的运动习惯需要我们在学习特定技能的过程中一步步培养。习惯是指个体对特定事物或某件事情的倾向性,一旦个体习惯养成,则改正难度就会相对较大。良好的习惯有利于个体形成较高的素质,坏习惯则会对个体发展产生消极影响。因此,在网球启蒙训练过程中,养成良好的运动习惯对个体未来掌握网球运动技术、战术具有重要影响。

二是激发少年儿童的运动潜能。个体潜能是没有界限的,当一个人的潜能被激发出来后,他们可以拥有克服一切困难的无限潜力。因而,对少年儿童在网球运动领域的潜能进行充分激发,不仅可以让他们对参与网球活动有更大的兴趣和更积极的态度,还可以让他们在参与过程中体验成功所带来的愉悦感,进而在心理上产生成就感,最终其自信心将得到有效增强。

2. 少年儿童网球启蒙训练中兴趣的培养

(1) 少年儿童网球运动兴趣的定义

兴趣是最好的老师。当个体兴趣被激发后,则会对事物产生无限的热爱。兴趣是指个体努力认识和探究事物的心理倾向,其是个体参与某项活动的主动性的重要标志,属于个体的主观能动性的范畴。这种主观能动性和积极情绪之间有着密切的联系。然而,少年儿童对于网球的兴趣是一种自发的,渴望积极参与并优先选择网球运动的心理倾向。如果少年儿童对打网球很感兴趣,他们会自愿参与并全神贯注地投入其中,从而获得满足感和良好的心理体验。

要想让少年儿童对网球运动产生浓厚兴趣，就需在启蒙训练开始阶段做好各项准备工作。著名儿童心理学家指出，少年儿童的好奇心并不完全取决于物体的物理特性，相反需要参照他和主体的以往经验的具体关系，过于熟悉则难以引起人们的注意，完全陌生则会难以和主体现有经验联系在一起，同样难以激发人们的兴趣。

（2）少年儿童兴趣的特点

少年儿童正处在身心发展的关键时期，通过分析该时期少年儿童的心理发展特点可知，其自我意识、思维能力、性格均开始逐步形成，在选择事物方面有了自己的见解。然而，少年儿童正处在心理发展的重要阶段，随着年龄的不断增长，少年儿童的心理发展也会出现波动。少年儿童的心理还没有真正成熟，各年龄阶段均有相对明显的特征，具体表现如下。

①广泛性。少年儿童活泼好动，对体育活动有极为广泛的兴趣，只要能活动少年儿童就会觉得十分开心，常常会表现出兴致勃勃、废寝忘食的状态。在好奇心的驱动下，少年儿童能对任何事物产生浓厚的兴趣，主要原因是他们想要认识更多趣味性强的事物，趣味性强的事物能促使少年儿童全身心地投入其中。

②不稳定性。少年儿童的大脑发育尚未完善，对于事物的理解还相对简单，还难以拥有持之以恒的意志力，容易受到外界环境的影响。当他们觉得某项体育运动很有趣，想要参与其中时，由于受到周围环境及相关人员的影响，他们的这种兴趣很可能会发生转移。在这个时期，他们的心理的稳定性相对较差。伴随着少年儿童年龄的增长，少年儿童的心理会不断成熟，各项兴趣也会慢慢趋于稳定。

③片面性。少年儿童对于新兴的事物充满了好奇心，但是他们的思维和逻辑推理能力还需要进一步发展。在发展的初期阶段，他们通常会使用形象化的思维。在年纪不断增长的过程中，这种形象思维会渐渐转变为逻辑思维，这能让他们对事物产生更全面的领悟。所以，在少年儿童的兴趣发展过程中，常常会出现少年儿童只对事物的外观形式感到好奇的现象，比如对色彩鲜艳、形态奇特的事物感兴趣。

当少年儿童好奇的事物在表现形状上对其丧失吸引力后，少年儿童往往会出现厌恶情绪，其兴趣也会随之消失。

④阶段性。在心理方面少年儿童依旧处在发育阶段，他们只能关注事物

的表面特征，往往会表现出爱不释手的状态，但伴随着时间的推移，他们会将曾经喜欢的事物遗弃在一边，然后在一段时间后再次喜欢它们。这是因为他们对事物的理解比较片面，注意力还未完全成熟，易受外界环境的影响，所以在心理上会产生比较大的变化幅度。

（3）少年儿童网球启蒙训练中兴趣培养的作用

广泛性、广阔性、持久性是个体兴趣的重要特征。兴趣能够有效激发人们的热情以及对各项事物的求知欲望，从而有效激发人们对特定事物的想象，推动人们持续深入钻研，最终实现富有创造性地学习与工作。

①指向性作用。少年儿童若对网球运动有浓厚的兴趣，则会主动参与其中，全身心投入网球运动，而且常常会表现出不知疲倦的状态，在不断成长的过程中，他们对网球的兴趣会越来越明显，并且这种兴趣会变得越来越稳定。有时，他们还会将网球视为一项可以一直坚持下去的体育运动。参与网球运动不仅能给予参与者丰富的情绪体验，同时还能使其心理需要得到最大限度的满足，有效疏解其内心压力。

②强化作用。通过培养少年儿童对网球的兴趣，可以有效地激发他们的学习热情，并增强他们的学习动力。少年儿童对网球运动的兴趣与他们的认知活动密切相关，这包括注意力、想象力、思维力和创造力等方面。少年儿童形成网球兴趣，不仅有利于其在学练过程中控制注意力以及集中精力，也有利于其全身心投入网球练习中，如此不但可以有效激发少年儿童学习的积极性，还可以将他们剧烈运动后的疲倦感转变成一种内心的愉悦。培养少年儿童对网球的学习兴趣，有助于他们日后更加积极地参与网球运动，对当前开展的网球学习也有积极影响。教师在教授少年儿童网球的过程中，通过激发他们的兴趣会让其认真学习相关知识，并且会让他们逐渐具备创造性地完成任务的能力。

3. 少年儿童网球启蒙训练兴趣培养的过程

在引导少年儿童进行网球启蒙训练时，深入了解该群体在心理和个性方面的特点，并且培养他们对网球运动的兴趣，都具有极为重要的意义。通常情况下，少年儿童对于某项运动的兴趣是从好奇开始的，然后逐渐转化为喜爱，最后再到热爱，这是一个持续变化的过程。这个过程对于促使他们将网球运动作为未来始终坚持下去的终身体育运动是至关重要的。

通常在启蒙训练阶段，少年儿童网球运动员需要受到家人或亲友的鼓励和推动,才会开始参与网球训练。但是不管出于何种原因,其对网球的兴趣均会在参与过程中逐渐被激发出来。教练员应该科学地引导少年儿童的运动动机。一方面,鼓励他们主动参与网球运动,另一方面还要使少年儿童在训练过程中深入感受网球运动的独特魅力。需要说明的是,少年儿童的网球兴趣具有不稳定性与阶段性。这是因为在训练过程中,某些因素可能会给他们带来负面的情感体验,进而使得少年儿童的兴趣在参与过程中出现阶段性减弱。在参与网球运动的过程中,若少年儿童最终能战胜各项困难,则会重新喜欢上网球运动,并且持之以恒地参与其中,这属于网球启蒙训练过程中经常出现的情况,这个阶段又被叫作启蒙训练时的兴趣不稳定阶段。

因此,在少年儿童开始进行网球训练的初级阶段,教练员应该采取科学的训练方法来正确地引导他们,并让他们全面了解网球运动。"在少年儿童的网球启蒙训练当中,教练员应采取针对性训练方法,制定简明训练目标,多采用鼓励性语言,让少年儿童网球运动员能够对网球运动有更为良好的初步感知,进而爱上这项运动,其兴趣自然得以提升。"[①]这将帮助他们建立对网球运动的初步认识,并在其脑海中构建出清晰可见的训练目标。在持续设定阶段性目标的过程中,教练员应当让少年儿童真正感受到完成目标的成就感,如此方可从根本上消除少年儿童运动员既憧憬又胆怯的矛盾心理。在该阶段,教练员应当用科学的方法引导少年儿童的运动心理。在语言训练中,教练员应该更频繁地使用鼓励性语言和肯定性语言,同时在批评时遵循先赞后批的原则,确保批评不会造成过度伤害。为了训练少年儿童的网球技能,教练员需要采用一种简单易行且实践效果显著的训练方法,让他们在不知不觉中掌握与网球相关的基础知识,从而建立起对网球运动的初步认知。

(二)少年儿童网球兴趣培养与终身体育观念形成的重要性

作为延续的体育运动,终身体育在人的一生中占有极为关键的地位。对于终身体育观念的培养,应当从少年儿童时期开始,少年儿童网球兴趣养成应当自启蒙训练中开始。人的发展往往需经历各个年龄时段,由于日常生活中会经历各种各样的事情,因此人内心往往需要接受极大变化,但体育运动爱好形成后不容易发生改变。运动对于生命具有重要意义,从少年儿童时期

---

① 陈锦强:《少年儿童网球启蒙训练中兴趣培养的影响因素研究》,《当代体育科技》2018年第7期,第44—45页。

就推动其积极参与体育活动，有利于他们养成良好的体育运动习惯。当处于启蒙训练初期时，应当充分使少年儿童感受网球运动的重要性与价值，即参与网球运动能提高他们的身心素质和运动能力。因此，纵观少年儿童一生参与的体育运动可知，启蒙训练时期的兴趣培养占有关键地位。少年儿童网球兴趣的养成对其网球运动喜好具有激发作用，能够鼓舞和推动少年儿童积极加入其中，进而逐步养成良好的运动习惯。终身参与体育运动，积极从事体育锻炼，能使人们终身受益。

（三）少年儿童网球运动兴趣的个性差异

培养兴趣的过程既艰巨又漫长，不仅要求教练员制定出集系统性和科学性于一身的训练体系，还要求少年儿童具备顽强的意志。少年儿童自身态度是制约其意志的关键因素。培养少年儿童对网球运动的兴趣，需要其付出长期而艰苦的努力。这一过程能够促进少年儿童心理能力的不断发展，同时也能够激发其各项基本能力的潜力，如在学习、运动、绘画等方面潜力。通常情况下，少年儿童有很强的好奇心，对世界上的一切都充满了探知的欲望，他们往往会因为新的事物而充满探索和尝试的动力。当他们的好奇心被满足后他们往往会极其兴奋，同时还会充分感受到生命给予的快乐。如果少年儿童对某种事物没有兴趣，通常会感到烦躁，甚至可能表现出反抗情绪。少年儿童会在启蒙训练中对网球运动产生兴趣，这是由于每个少年儿童在个性特征上存在很大差异，这些差异又使其兴趣出现了很多倾向。每位参与网球运动的少年儿童均有各自的兴趣爱好，这些兴趣爱好会给他们带来良好的情感体验，并且提高个体的情感丰富性，让他们拥有更加鲜明突出的个体意识的倾向性特征。以上说明了教练员不仅需要精准评估少年儿童的各种表现，而且还需要主动与家长进行有效的交流，积极了解少年儿童在不同阶段出现的心理变化。总之，少年儿童存在个性差异，存在的个性差异则会让其产生不同兴趣取向。因此，在培养少年儿童对网球的兴趣过程中，个性差异是至关重要的因素。

个性差异指的是少年儿童展现出来的不同的性格特点。性格是一种心理活动，人的性格具有一定的倾向性并且是相对稳定的。性格、能力、气质是组成个性心理倾向的三个重要部分。正常人通常都具有相对稳定的心理活动倾向，而且每个人的这种倾向都是不一样的，这就造成了巨大的个性差异。

举例来说，有些人做事不够细心，而有些人则更注重细节；有些运动员在训练或比赛期间表现出强烈的自信心和强大的自我控制能力，而一些运动员则缺乏理性思考、过于冲动。因此，个体的心理活动往往存在着很大差异性。少年儿童在启蒙训练的过程中，其兴趣培养同样涉及个性特点，个性差异对少年儿童的兴趣培养有不同程度的作用。很多学者对运动员个性展开了深度研究，参与研究的运动员个性和正常人存在着部分差异。学者库柏对运动员的描述是，与正常人相比，运动员更加自信、更具竞争性、性格更加外向。此外，运动员的个性特征也会因运动项目的不同和运动水平的差异而产生显著差异。

少年儿童的网球兴趣个性差异指的是他们在参与网球运动的过程中存在的个性化兴趣。少年儿童参与网球运动往往会产生很多种类的性格特征，少年儿童在活动过程中会出现波动较大的状态，在某段时间里他们可能会对网球运动十分热衷，但一旦遭遇了令他们不愉快的经历，他们的情绪会变得烦躁，甚至开始对网球运动产生不喜欢的感受。然而，只要他们将全部的注意力投入网球运动中，就会被激发出浓厚兴趣，并且持之以恒地参与其中。这样的个性化兴趣通常来自性格鲜明、个性独特的少年儿童。一旦他们被网球运动吸引，便会积极参与并不断追求更高的水平。在进行网球运动的日常训练时，他们大多是个性好强的少年儿童，拥有争强好胜的精神，在日常生活中这一点也表现得尤为明显。

（四）少年儿童网球启蒙训练中兴趣的培养原则

1. 阶段性培养原则

好奇—喜欢—热爱这一个过程是少年儿童在进行网球启蒙训练时的兴趣培养过程。少年儿童的心理感知发育是从大脑开始的。从大脑到感觉器官，再到神经中枢，最后是肌肉，这一过程是心理感知发育的运动过程。因此，应该让少年儿童在启蒙训练阶段充分体会到网球运动的重要性和趣味性，使其充分参与其中，这对于培养他们的兴趣至关重要。

要想使少年儿童积极参与网球运动，就应当对该群体在网球启蒙训练中兴趣培养的阶段性予以高度重视。制约少年儿童参与网球运动的主要因素有自身因素、家庭因素、社会因素、教练员因素等，其中自身因素属于最为关键的因素。在少年儿童心理素质、生理能力、智力因素的影响下，少年儿童在参与网球运动的过程中心理波动会比较大，自身因素是导致心理波动大的主要原因。除此之外，该阶段少年儿童心理状态也受其他因素制约，父母因素、学校因素、球队氛围、教练员态度等均会使少年儿童对网球启蒙训练的兴趣出现波动。少年儿童在参与网球运动的过程中，保障训练结果有效性的一个重要因素就是保持稳定的兴趣。在训练中，兴趣稳定可以让他们顺利掌握各项技术动作，有利于少年儿童更好地巩固各项技术动作。在少年儿童参与网球运动的过程中，兴趣处于稳定状态会让他们将更多的注意力放在网球运动上，他们的心理指向也会更偏向网球运动。这样他们能更好地听从教练的指导，接受他们的建议，从而在训练中习得网球技术。需要说明的是，人体对注意力和专注力的控制能力在少年儿童时期相对较差。各项研究表明，5～7岁的儿童仅能够专注于某个事物15分钟左右，8～10岁儿童专注某件事情的时间仅有20分钟，11～12岁儿童专注某件事情的时间仅有25分钟。因为少年儿童的大脑和心理发育尚未完全成熟，他们的自我控制能力还需要不断提高，所以他们更容易发生注意力转移。因此可以得出结论，阶段性是少年儿童网球启蒙训练中兴趣培养的主要特征。

（1）少年儿童网球启蒙训练中兴趣的阶段性培养原则的定义

阶段性培养原则指的是在少年儿童参与网球运动的过程中，教练员要注重激发他们对网球的兴趣，并且要注意少年儿童的这种兴趣可能不稳定，也并连续。在他们对网球运动产生了浓厚的兴趣后，通常会自愿参与其中。然而，当他们受到某些因素的负面影响后，则会产生厌恶情绪。这就是兴趣的阶段性在实际训练中的具体表现。

（2）少年儿童网球启蒙训练的阶段划分

少年儿童网球启蒙训练通常包括三个阶段。

①入门认知阶段。该阶段指入门不久的少年儿童网球运动参与者对该项运动的初步接触与认识阶段，他们会在大脑中构建出相对模糊的概念，这属于兴趣培养的初步阶段。

②建立网球认知阶段。这个阶段指经过一段时间的网球运动后，参与者已经开始对网球运动有了一定认识，能够初步理解网球运动的本质特征，而不仅仅是模糊的概念。该阶段形成的前提是少年儿童参与者要有持久的努力，同时对网球运动产生了兴趣。由于个性上的差异，少年儿童在该阶段的兴趣还处在不稳定状态，有时会出现较大波动。

③稳定与发展阶段。少年儿童网球运动参与者的参与时间相对较长，他们已经对网球运动有了清晰认识，能够比较稳定的参与网球运动，并且对网球充满了热爱和强烈的兴趣。

以上三个阶段共同体现了少年儿童在参与网球启蒙训练过程中的心理变化，同时也是少年儿童兴趣的变化过程。

2. 平等性培养原则

即使在少年儿童网球启蒙训练初期，教练员在训练过程中也要坚持区别对待原则，教师要对每个少年儿童实施针对性训练，如此能够对少年儿童兴趣的持久性和连续性产生积极影响。

网球启蒙训练能够使少年儿童的部分网球技术动作更加正规，但前提条件是教练员要制订出一整套适合不同年龄、不同身体状况的少年儿童的训练计划。对于动作姿势而言，这属于一个慢慢发展的方面，教练员要通过有针对性的训练来完善少年儿童的技术动作体系。该体系要求教练员区别对待每一位少年儿童，结合每位少年儿童的性格特点、年龄层次、身材比例来展开平等性训练。教练员只有平等对待每一位少年儿童，才可以让参与网球运动的少年儿童更加清晰地体会到网球运动的乐趣。对于启蒙训练而言，坚持平等性原则还能推动少年儿童更加主动地参与网球运动，让少年儿童在网球训练过程中感受此项运动带来的生理乐趣和心理乐趣。由此可知，平等性培养原则属于启蒙训练遵循的一项重要训练原则。

（1）少年儿童网球启蒙训练中平等性原则的定义

就少年儿童网球启蒙训练而言，平等性原则的定义是在少年儿童参与网球运动的整个过程中，教练员用平等训练手段对待参与训练的所有人，每一位少年儿童均可以获得平等发展的机会，都能够通过自身优势使缺陷得到优化。

在训练过程中，教练员应当针对少年儿童的性格特征，始终贯彻区别对待的方式，灵活运用少年儿童具备的长处，从而尽可能提升他们的短处。击球的稳定性、力量性和准确性是网球运动技术特征的主要反映。教练员在启蒙训练过程中应当牢牢掌握该特征，根据少年儿童年龄层次的变化，设计和年龄阶段相对应的技术，同时在训练过程中严格实施，促使少年儿童的技术在密切环绕网球运动特征的基础上，慢慢产生自身独有的特色。在启蒙训练过程中，训练设计一定要和参与训练的少年儿童的年龄特征吻合，从而让阶段性训练为后期运动打下基础。在教练员刚刚传授技术时，少年儿童的生理状态和心理状态往往有很大差异，但最终都可以实现动态平衡。因此，教练员要平等对待生理状态水平和心理状态水平存在差异的儿童，切莫仅重视两方面状态都好的少年儿童。在少年儿童网球启蒙训练过程中，教练员千万不可以出现偏颇心理，一定要始终坚持平等对待原则。

（2）训练中掌握平等性原则的重要性

在少年儿童启蒙训练过程中，教练员真正掌握平等性培养原则和少年儿童训练者有着十分密切的关系。在启蒙训练过程中，真正掌握平等性培养原则可以让参与者在训练过程中保持高度的热情。平等性原则的掌握程度和少年儿童训练者对网球运动的热情存在着彼此促进、彼此制约的关系，两者是相辅相成的。

在少年儿童网球启蒙训练的过程中，教练员在选用训练方法时应当将训练特征考虑在内，每位少年儿童均有自身的特性。例如，在网球训练过程中，有些参与者身体发育比较快，进入成长关键期的时间比较早，身材比较魁梧，力量素质优势明显，但移动素质相对不足。针对存在这种情况的少年儿童，教练员需要对症下药，使其优势得到保留，使其劣势在辅导过程中慢慢被弥补，使其在潜移默化中不断进步，不断增强自信心；身体发育较晚的少年儿童，通常在移动上有较大优势，但力量素质存在一定的不足。因此，任何少年儿童都存在优势和劣势，我们一定要充分尊重不同少年儿童的实际状况，始终遵循平等性培养原则，倘若没有将平等性培养原则贯彻在训练全过程，则会对少年儿童的心理成长产生负面影响。

教练员应当清楚地认识到，少年儿童尚处在成长期，当少年儿童身体发育成熟后就可以逐渐处于平衡状态。在少年儿童网球启蒙训练过程中，教练员应当始终谨记少年儿童的发展特征，努力使少年儿童的潜力发挥到最大，努力增强少年儿童的自信心。伴随着自信心的不断增加，少年儿童能够逐渐感受到成功带来的成就感，进而对网球运动的兴趣日益加深，从而提高自身参与网球启蒙训练的热情。

（五）少年儿童网球启蒙训练中培养兴趣的训练手段

在网球启蒙训练过程中，我们应该以激发少年儿童的兴趣为出发点，选择合适的训练方法。

1. 循序渐进的训练

逐步地引导少年儿童进行网球运动训练，是促进他们网球技能提高的重要因素。少年儿童在训练过程中需遵循循序渐进的原则，逐步增加运动时间、强度和负荷，以使其与身体机能相适应。

在训练过程中，少年儿童由直线式训练负荷逐渐过渡到阶梯式，并通过适应不同的负荷逐步提高身体机能。在心理训练方面，少年儿童需要有一个逐步发展的过程，因此我们应该将重点放在吸引他们加入网球运动上，让他们对网球运动的魅力有更加深刻的体会，并逐步培养他们对网球运动的兴趣。

由此可知，少年儿童在学习网球运动基本技术的过程中，教练员应当全面分析少年儿童的身心发展规律和成长需求，对少年儿童多加鼓励，这能有效激发少年儿童的积极性和主动性。结合少年儿童模仿能力强、学习能力强、容易接受新鲜事物的特征，教练员应当指导少年儿童先学习单一的技术动作，然后再慢慢结合移动步伐，同时指导少年儿童增加练习打多球的次数，从而使少年儿童循序渐进地掌握各项技术动作，使技术动作在其头脑中形成自动化过程。另外，还可以指导少年儿童反复判断球的落点、感受球的速度，最终达到手眼协调的目标。在练习过程中，教练员必须始终遵循循序渐进原则，不但要让少年儿童的身体和心理得到发展，而且要让少年儿童充分掌握各项技术动作。

2. 超前性的训练项目设计

上一项训练内容自始至终都在为下一项训练内容做充足的准备，即训练项目设计超前性原则。在少年儿童网球启蒙训练过程中，教练员要对少年儿童的训练进度做到心中有底，在对练习项目进行安排时，前期练习一定要为后期练习做好充足的准备，促使参与网球运动的少年儿童不会感觉达到训练阶段要求的难度很大，最终使少年儿童在参与训练的过程中逐步建立自信心。形成自信心对少年儿童参与网球运动有激励作用。

3. 针对性的身体素质训练

要成为优秀的网球运动员，身体素质是非常关键的。而想要拥有较高水平的身体素质，则需要从少年儿童时期开始参与网球训练，并且要有持之以恒的练习和长久的积累。在进行网球运动身体素质训练时，应针对不同力量肌群展开目标化训练，以满足身体力量素质的需求。

在进行身体素质训练时，少年儿童的自觉能力较差，这使得他们在训练过程中难以做到全神贯注，这不仅造成了时间的浪费，而且也很难学习、掌握更多的知识。因而，针对少年儿童的身体素质训练，可以在最开始时采用游戏化的方式进行，以便他们在潜移默化中充分增强肌群力量。例如，在对少年儿童的步伐进行练习时，教练员应当把步伐和挥拍两项练习充分结合在一起，指导少年儿童在练习过程中采用比赛接力形式，如此不但能提高少年儿童的兴趣，还能增强他们参与游戏的自觉性。

4. 穿插各种形式的网球竞赛游戏和比赛

在刚开始学习时，少年儿童只学习网球技术往往十分乏味。少年儿童在前期学习网球技术动作时，要想激发他们对网球运动的热情，教练员必须对其心理进行全面了解。在游戏中加入少年儿童新学习的网球技术动作，不仅能提升少年儿童对网球运动的自觉性，也能使少年儿童的各项技能和竞争性得到有效提升，另外，也能激发少年儿童对获胜的渴望。

第三节　网球运动与全民健身

一、大众网球运动竞赛的组织

（一）成立网球竞赛组织机构

在组织比赛时，首先要依照有关规定成立比赛的权力机构——组织委员会，简称"组委会"。组委会领导各职能组织保证竞赛的各项工作正常进行。具体而言，开展网球运动竞赛时，各职能组织的职责范围如下。

组织委员会：制订和执行竞赛计划、对各组的工作进行审查和协调、对竞赛中出现的各种问题采取相应的解决措施，并对工作进行总结。

仲裁委员会：监督和确保比赛规程和规则得到正确执行，并对比赛期间的违规行为导致的纠纷进行复审和裁决，并向组委会报告。

宣传处：对比赛信息和内容进行宣传报道，做好思想教育工作。

竞赛处：负责竞赛的组织编排及相关事宜。它是主管竞赛工作的业务部门,是竞赛组织工作的调控者和执行者。

后勤处:负责场地和器材设备等相关事宜。

裁判处:负责裁判员的培训和分工。

(二)制定竞赛规程

能够对网球竞赛的组织者和参与者进行指导的文件即网球竞赛规程,它是网球竞赛工作顺利进行及参赛报名的依据。网球竞赛规程的具体内容主要有以下几点。

竞赛名称:根据此次的竞赛任务,设计合适的比赛名称。

竞赛主办单位:主办的单位。

竞赛的目的和任务:竞赛所追求的目标和要完成的任务,这些是根据竞赛的要求而确定的。

竞赛组别:组别确定的依据是竞赛的目的和任务。

竞赛日程和地点:在竞赛制度的要求和指导下对预赛和决赛的时间及地点进行确定。

竞赛的参加办法:报名的名额、队数限制、手续、报名日期和地点等。

竞赛办法和比赛规则:明确预赛和决赛的比赛形式(如循环赛、混合赛等),明确评定得分和决定排名的程序,以及出现并列成绩时的排名解决方案,以此对比赛规则进行确立。

竞赛抽签日期和地点:根据具体情况决定。

竞赛的奖励方法:对集体和个人获奖时的奖励方法进行明确。

竞赛的注意事项:规定比赛的服装或携带物品等。

(三)选择竞赛方法

在开展网球运动竞赛时,应根据资源条件、参赛人数等方面的实际状况来选择合适的竞赛方法。在网球运动竞赛中,常用的竞赛方法有4种,即淘汰法、单循环法、分组循环法、混合竞赛法,具体内容如下。

1. 淘汰法

在组织网球比赛时,如果参赛的人数较多,而时间相对有限,则一般采用淘汰赛来进行比赛。国际大型网球竞赛经常采用淘汰赛制。

2. 单循环法

在开展网球竞赛时,人数较少,主要目的在于丰富参赛运动员的比赛经验,并且比赛场地、时间较为宽松时,可采用单循环比赛法。单循环比赛场次计算的公式:比赛场数 = 队数 ×(队数 −1)÷ 2。这一比赛形式使得所有参加比赛的运动员都会在比赛中相遇。

3. 分组循环法

如果比赛人数相对较多,可采用分组循环赛。所谓分组循环赛,就是将参加比赛的运动员分为若干个小组,运动员在每个小组组内进行单循环赛。

4. 混合竞赛法

一般运动比赛多采用混合竞赛法。混合竞赛法即将淘汰赛与循环赛结合在一起使用,这能够综合两种赛制的优点,弥补彼此的不足之处。

(四)网球比赛期间的组织与管理

成功举办比赛的关键在于组织工作的质量。比赛期是将比赛计划付诸实施,完成比赛任务并达成预期目标的重要阶段。在网球比赛期,对比赛准备阶段各种工作方案的实施、竞赛组织管理以及筹备工作成效的检验都是在这一阶段完成的。

1. 比赛管理

在网球运动比赛中,比赛管理是其最为重要的环节,如果比赛管理不当,会对比赛的开展造成不良的影响。在比赛管理过程中,之前的策划、准备工作最终要落到实处,这考验着工作人员的具体执行能力。在比赛过程中,工作人员需要积极相互配合,保证比赛有序开展。工作人员对于比赛中出现的各种突发情况,应进行妥善的处理。

2. 人员管理

在网球比赛过程中,对人员的管理是极其重要的方面。在开展网球运动时,人员管理主要是对运动员、观众等的管理,具体内容如下。

(1)参赛运动队(员)的管理

对参赛运动队(员)的管理主要由领队、教练员承担。其管理主要采取分级管理办法,提出统一要求与规定,做好各队之间的协调工作,并定期召开联席会议,听取意见,处理问题,以不断改进组织管理工作。

(2)观众的管理

观众是比赛的重要参与者,对比赛活动能否有序进行有着重要的影响。当网球比赛处于紧张激烈的竞争状态时,如果对观众的组织管理不当,不仅会影响运动员的发挥,还很容易对比赛秩序造成不良影响。大型赛事的组织者应做好各项应急预案,以保证赛事顺利进行。

3. 器材管理

后勤处要对网球运动的专用设备以及公共设备进行妥善管理。例如,对各种球、球网、球架的管理与维护;负责保障比赛场地的用电、用水;保障比赛场地的照明设备;等等。

(五)网球比赛结束期的工作

在网球比赛的结束期,组织者的主要任务是拆卸、清理和移交场地器材与设备。此外还需要整理和归档相关文档资料,结算和审计整个比赛过程中的每一笔经费,还要对此次比赛进行总结。同时,评比和表彰工作也属于结束期工作的范畴。

二、网球运动与全民健身

(一)网球运动与身体健康

1. 网球运动对身体形态的影响

(1)对骨的影响

①对骨骺的影响。骨的生长发育依赖于骨化的过程,青少年骨骼的有机物含量多,其可塑性大。长骨两端有使骨增长的骺软骨,人在12~18岁,骺软骨的生长速度非常快,18岁后,骺软骨生长缓慢,甚至不再生长。在青少年时期进行适宜的网球锻炼能够使骨承受一定负荷的刺激,能够促进血液循环,改善骨的营养供给,加快骺软骨的增生与骨化过程,从而促进骨的生长发育。

②对骨密质的影响。骨密质分布于长骨骨干与骨骺的外侧部位。经常参加网球运动,由于肌肉参与运动对骨的牵拉作用,骨表面的隆起会更加明显,骨密度不断增厚,管状骨也相应增粗,骨的形态结构会产生良性变化,骨的各种性能会得到提高。

③对骨松质的影响。骨松质主要分布在长骨的骨骺以及骨干的内侧,是由很多针状或者片状骨小梁相互连接而成的多孔隙网架结构。网孔就是骨髓腔,其中充满的是骨髓。研究证实,经常参与网球训练能够有效促进骨小梁

新骨的形成，使骨小梁的排列更加有序。

（2）对肌肉的影响

研究表明，科学的体育锻炼能够使骨骼肌的形态、结构及功能产生一系列适应性变化。具体来讲，网球运动对于运动者身体肌肉的影响主要表现在以下几个方面。

①对肌肉体积的影响。肌肉由肌纤维组成，肌纤维又称肌细胞，是肌肉活动的基本功能单位。经常参与网球运动能够使身体的肌纤维增大，其肌纤维直径或者横断面积都会大于常人。研究表明，耐力训练可使快肌纤维向慢肌纤维转化，使肌肉体积增加。

②对肌肉结缔组织的影响。在网球运动中，运动者身体的肌肉会进行反复的牵拉，这样不但会使肌腱与韧带中的细胞增生，也会使肌外膜、肌束膜以及肌内膜增厚，机体的肌肉会更加强壮，可以更好地抗牵拉，肌肉的抗断能力也能有所提升。科学研究发现，力量训练可以使身体的肌膜增厚，其抗牵张的能力也会相应提高。

③对肌纤维类型的影响。网球运动集力量、爆发力、耐力、速度、灵敏性、柔韧性于一体，在网球运动中，连续的击球动作能够使运动者身体的肌纤维得到最大限度的发展，如网球运动的快速折返交叉步跑动，可使快肌纤维增粗。

④对肌肉收缩能力的影响。运动者在进行网球运动时常常需要快速起动、变向跑、侧身跑、变速跑，这些动作都是以人的踝、膝、髋为轴，通过脚蹬碾的力量、腰腹力量、手臂摆动力量带动躯干灵活地运动来改变身体位置、方向与速度的。在网球运动中，原动肌、对抗肌、固定肌和中和肌所起的作用虽然不同，但是它们共同收缩、相互配合、共同协调，从而可以更好地保证技术动作的完成。网球运动能够很好地改善与提高这些肌群的协调性，使肌肉能以最佳的方式来完成某一动作，从而使肌肉收缩的功效得到充分的发挥。

2. 网球运动对身体系统的影响

（1）对心血管系统的影响

人体通过血液循环最终实现了与外界物质的交换以及对体内物质的运输。如果人体内的血液不再循环，那么人的生命就会停止。由此可见，心血管对于人体具有非常重要的意义。具体来讲，参与网球运动对于心血管系统的影响主要表现在以下几方面。

①预防与治疗心血管疾病，促进血液循环。对于一般的人来讲，体内血液总量约占体重的8%。但是对于长期坚持系统网球训练的群体来讲，其血液总量约占体重的10%，血液的重新分配机能也会增强。同时，血管的舒张与收缩能够使大量的血液参与循环，从而使身体肌肉的活动有充足的血液供应。

②有效改善心肺功能。实践表明，经常参与网球运动锻炼能够促进运动者体内的心肌肌红蛋白增加，机体的代谢能力显著改善，供血量有效提升，心肌纤维也会相应增粗，心脏的搏动会更为有力。由于心壁增厚、心腔增大，心脏也就具有了更好的收缩能力。

③显著提高机体的免疫功能。系统的网球运动训练能够使运动者的总血量增加25%。通常情况下，成年男子的每立方毫米血液中含有红细胞450万～550万个，女子为380万～460万个。经常参与网球运动者体内的红细胞会显著增加，这主要是因为运动可以一定程度上改善红骨髓的造血机能。网球运动对于体内的白细胞也会产生相应的影响，白细胞的数量在机体运动之后会明显增加，任何强度的运动都会导致体内淋巴细胞的增多。在运动之后，单核细胞也会有所增加。

（2）对运动系统的影响

人体的运动是通过运动系统来实现的。人体的运动系统由206块骨骼、400多块肌肉，以及关节等构成。参与网球运动锻炼可以使运动者的运动系统产生良好的适应性变化，具体表现如下。

①促进结构机能的有利变化。通过参与网球运动锻炼，人体肌肉与骨骼的工作能力会有所增强，血液的供应量也会出现一定程度的增大，对营养物质的吸收与储存能力增强，肌纤维增粗，运动者的肌肉会变得更加结实、粗壮，肌肉力量增强。肌肉中肌红蛋白的增加可以结合更多的氧气，这样可以充分满足身体运动的需求。结缔组织也逐渐增多，肌肉的生理横断面与体积逐渐增加，肌肉纤维增粗。肌肉含量增加，脂肪含量就会相对下降，使人体基础代谢率提高，这对于人体的健康非常有利。同时，还可以增强肌肉收缩时的力量，加快肌肉的收缩速度，灵活性以及耐久性显著提升，弹性、柔韧性有效增强。

②提高关节的灵活性与柔韧性。参与网球运动训练能够使运动者机体的

关节面软骨不断增厚，关节处的肌肉更加发达有力量，关节囊与韧带不断增厚，这也就使得关节的稳固性与抗负荷能力得到提升。与此同时，由于关节囊、韧带以及关节周围肌肉的弹性与伸展性提高，关节的运动幅度也会相应增加，关节的灵活性也会得到提升。

③提高骨性能。经常参与网球运动训练能够显著提高自身的血液循环速率，加快身体的新陈代谢，骨的结构性能也会向良性方向不断发展。网球运动会使运动者的肌肉对骨骼进行牵拉与重压，从而造成骨骼的形态发生变化，骨骼的机械性也会因此得到提高。而在形态方面，骨骼也会发生相应的变化，肌肉附着处的骨突会增大，从而使得骨外层的骨密质增厚；里层骨松质的排列能够更好地适应压力与拉力的作用；骨质也会更为坚固，其所能承受的运动负荷也会更大；骨骼抵抗弯曲、压缩等能力会得到增强。

（3）对呼吸系统的影响

人体的呼吸系统主要由呼吸道与肺构成，人体与外界之间的气体交换是通过该呼吸系统实现的。人的呼吸系统为人体进行正常的生理活动供给相应的氧气，同时将体内形成的二氧化碳排出体外。呼吸系统对于人体的正常运转与健康意义重大，具体表现在以下两个方面。

①有助于提高呼吸系统机能水平。经常参与网球运动能够显著提高机体的呼吸深度，使呼吸的频率降低。系统性的网球运动训练会使运动者的呼吸肌力量不断增强，肺泡具有更好的弹性，肺活量与肺通气量显著提升。例如，对于正常的普通人来讲，成年女性的肺活量为2500毫升左右，成年男性的肺活量为3500毫升左右。在安静状态下，正常普通人的呼吸频率为16~20次/分钟，肺通气量为6000~8000毫升，而经常参加运动训练的人的呼吸频率只有12—16次/分钟，这样就能够达到同样的肺通气量。

②有助于改变呼吸器官结构。对于网球运动参与者来讲，其肌肉需要进行很多激烈的活动，在此过程中呼吸系统会进行频繁的氧气与二氧化碳的交换，这对于运动者的呼吸系统是极大的挑战，该系统需要加大工作量来使肌体的活动需求得到相应的满足。与此同时，由于运动者在运动时对于氧的需求量增加，运动者的呼吸深度也会相应提高，经常参与网球运动训练能够有效提高自身呼吸的效率，同时，肺泡也会最大限度地参与气体交换，肺泡的弹性能够得到相应的改善。

（二）网球运动与心理健康

1. 心理健康概述

（1）心理健康的定义

心理健康是一个非常复杂的并且不断变化的过程，它与个体的遗传、生活环境以及社会环境等多方面因素都有关系。所以，对心理健康的定义也存在着不同的表述。

综合国内外各种研究结果，我们认为：心理健康是指人的内心具有一定的自信，并且这种自信是安全、稳定、随和和充分的，它使人能够正常地应对社会环境，并且能够根据自己的价值观念和信念来明确自己的立场和态度。换言之，在遇到各种艰难险阻时，只有在心理上自信地以社会行为准则去客观公正地处理解决，才是心理健康的标志。

（2）心理健康的标准

①马斯洛的心理健康标准。在内心深处有充足的自我安全感；可以深入认识自己，并能客观评估自己的实力；对生活的期望与现实相匹配；始终与周围的现实环境保持联系；能够保持人的个性完整和内心和谐；具有在以往经验的基础上不断成长的能力；能够维持良好的人际交往；能够较好地将情绪表达出来，并能适度管理自己的情绪；在符合集体意志的基础上，可以以有限度的方式展现自己的个性特征；在符合社会道德标准和法律规范的前提下，个人的基本需求可以得到适度的满足。

②现阶段我国的心理健康标准。目前我国的心理健康标准包含了以下几个方面：对自身的认知准确，能够做出合适的自我评价；能够正确认识和面对现实，并具备适应现实环境的能力；有和谐的人际关系；热爱生活，献身事业；能够维持人格的健全；可以对自身情绪进行调节并保持积极的心态。

尽管心理健康的评价标准存在差异，但是大家的看法在认知能力正常、情绪稳定、人际关系良好和耐受力充足等方面还是较为统一的。

（3）影响心理健康的因素

①心理与遗传因素。决定人的心理活动的主要因素并非遗传因素，而是后天的社会生活环境。心理活动会在社会实践中不断发展与变化，但个人的性格、能力、活动特点的某些成分会不可避免地受到遗传因素的影响。

②心理与社会因素。随着社会的不断发展，影响人心理健康的因素也在逐渐增多，而且日趋复杂。其中，家庭成长环境、心理冲突、不良人格特征

等都是当前影响心理健康的重要因素。

每个人不仅仅是一个单独的有机体，同时也是社会中的一员。在实现个人生理和心理的更新和变革的同时，我们也必须不断地适应社会中的各种变化与应对各种挑战。要想更好地适应不断变化的外部环境，人们必须从自身生理以及心理上不断进行相应的调节。一般情况下，外部社会环境的任何变化都会或多或少地导致人身心的相应变化，而这种变化的大小是由个体自身的感知、应答能力的水平以及情绪体验的强度决定的。因此，在对影响心理健康的因素进行分析时，我们应该具体从主客观两个方面来开展。

2. 网球运动对心理发展的积极作用

参与网球运动对于运动者心理方面的积极作用是多方面的，具体来讲主要包括以下几个方面的内容。

（1）培养情商

网球运动具有很强的对抗性，通过参与网球运动能够很好地培养运动者的运动能力、意识等，从而使其更好地应对运动及生活中遇到的各种困难。网球运动比赛不仅是一种身体与技能的较量，同时也是一种智慧、意志的竞争，通过参与网球运动，运动者能够很好地培养积极健康的生活态度，同时发展情商。

（2）促进个性心理的良性发展

通过参与网球运动可以帮助运动者保持心理健康，这主要表现在以下三个方面。

第一，网球运动具有调节人体紧张情绪的作用，从而使运动者的生理与心理状态得到很好的改善，这对于体力与精力的恢复也非常有帮助。

第二，网球运动能够显著促进人体的健康，使运动者能够更好地改善自己的身体，从而以更加充沛的精力投入学习和工作。

第三，网球运动还能够陶冶运动者的情操，使其保持更加健康的心态，有效提升自己的自信心。

（3）减轻焦虑、抑郁等症状

焦虑指的是人的一种对当前或者预计的威胁所反映出的恐惧与不安的情绪状态。而与焦虑等消极的情绪相比，抑郁属于更深层次的复合性负面情绪，其持续的时间更为漫长，抑郁的症状主要表现为悲伤、绝望、易怒，甚至厌世。

研究表明，短期的身体活动或者运动锻炼对于一般人的应激症状具有短时间的缓解作用，而长时间的体育运动能够对焦虑、抑郁起到长期稳定的缓解作用。对于那些沉默寡言、性格较为孤僻的群体而言，参与网球运动能够有效增加他们与其他人之间的情感交流，这就能够在一定程度上缓解运动者身上的焦虑、抑郁情绪。

（4）形成优秀的意志品质

意志品质是指一个人具备的自信、自律以及勇敢顽强等素质。在面对各种困难挑战时，意志品质能够得到很好的体现，同时也能够发挥很好的作用。一个人的意志品质可以在面对各种困境和挑战时得到很好的培养，也就是说，一个人克服困难的能力越强，那么他的意志品质就越优秀。

网球运动对于培养人的意志品质非常有帮助，在自信心、自制力、判断力等很多方面都有着显著的提升作用。通过参与网球运动参与者能够更加坚韧勇敢，并在面对生活中的困难与挑战时更加自如。具体在参与网球运动训练的过程中，参与者常常需要克服主客观两方面的问题。其中，主观方面的困难主要包括胆怯畏惧、疾病损伤等，客观方面的困难主要有技术难度大、环境变化等。

（三）网球运动与社会适应能力

网球运动对于提高人的社会适应性产生着积极的影响，它有助于参与者形成正确的价值观，从而更好地扮演自己在社会当中的角色，并促进参与者良好人际关系的形成。

1. 网球运动与价值观

通常来讲，同一种事物对于有的人来讲具有很大的价值，而对于另外一些人却没有相应的价值；对于有些人而言价值重大，对于另外一些人而言价值却非常小、几乎不存在。人们会依据自身需求，从认知事物及其属性的角度出发，评估各种事物的价值和重要性，并根据这些评估结果，确定个人活动的价值取向。

网球运动具有很好的教育功能。网球运动不仅是一项单人运动，同时也是一项集体运动，因此它在充分发展学生个性的同时，对于培养学生的组织性、纪律性、集体主义精神等很多方面具有非常积极的作用。网球运动能够有效激励参与者力争上游、奋勇拼搏，同时还能够有效增强他们的责任感、义务感以及集体荣誉感。通过参与网球运动，人们能够逐渐认识到网球运动所具备的教育价值。网球运动对于参与者的价值观也具有很大的影响,主要表现在以下几个方面。

①促进和平意识的形成。和平是世界人民的共同愿望,只有国际的和平与社会的安定才能有经济的发展、社会的进步以及人民群众的安居乐业。网球运动是建立在统一规则基础上的和平竞争,它对于人们和平行为的形成具有很好的推动作用,也就是说,网球运动有助于人们逐渐养成和平的价值取向。

②体现平等的原则。网球运动对人并没有肤色、贫富、种族、信仰等方面的限制,任何人都能够参与网球运动,这样就构建出了一种平等的、每个人都乐于接受的模式,而人的尊严、人的权利在这种平等的模式里能够得到更好的展现。正是由于人们能够平等地参与网球运动,因此它也处处体现着人与人之间的平等,从而使人们更能体会网球运动的自由性。网球运动所具有的平等性在很大程度上影响着人们处理自己所面对的各种事情时的观念,从而最终让人们形成人与人平等的观念。

③体现付出与收获的关系。专业的网球运动员只有具备坚韧不拔的意志,才能取得优异的运动成绩,而一般的网球运动爱好者同样只有经历刻苦的运动训练,才能实现提高身体素质的目的,这也很好地体现出付出与收获之间的相互联系。

2. 网球运动与社会角色

网球运动所具有的一项重要功能就是它能够对人产生相应的影响,它不仅能影响人的生理属性,同时还会对人的心理属性产生相应的作用,从而促进人身心的健康发展。除此之外,网球运动还能够作为一种社会教化的手段来促进个人的发展。

(1)促使人成为"社会人"

个性是基于个人的生理和心理素质,在特定的环境条件下经过实践锻炼和培养而形成的一系列价值观、情绪、行为和习惯。个性是一个人心理、生理以及社会行为特征的稳定总和,是一个人能否适应社会的关键因素。网球运动促进运动者更好地融入社会的作用具体表现如下。

①网球运动对于运动者良好个性的形成有着相应的调节作用。在参与网球运动时,运动者的体力、情感等很多方面都需要参与其中,因此运动者的各项能力都需要达到一定的水平。从某种意义上讲,参与网球运动就是运

动参与者逐渐形成自我认识、强化自我意识、进行自我发现和自我改造的过程。

②网球运动的双打比赛表现出很强的集体色彩。网球双打比赛的 2 名队友之间不仅需要进行配合与协作，同时还需要学会互相弥补不足。

③网球运动能够使参与者逐渐形成积极向上的态度。在网球运动中，参与者在意识的控制与调整下表现出更主动、更积极、更自觉的锻炼需求，从而使自己更加积极向上。

④网球运动还能够很好地培养参与者的情感。网球运动为参与者提供了多样化的情感体验，这也顺应了现代人对情感的多样化需求的趋势。

（2）培养人的个性与协作能力

在网球比赛过程中往往会出现很多复杂的状况，这就要求运动者要做到审时度势，同时可以对场上的各种突发状况进行合理应对。

当在比赛过程中面对得分或取胜的机会时，运动者应该及时把握，否则这种机会就会稍纵即逝。当比赛处于僵局阶段时，运动者应该根据自己的比赛经验以及所掌握的运动技能采取适当的应对行动。网球运动为运动者个性的发展提供了很好的演练空间，运动者能够在运动过程中更好地塑造与完善自己。

3. 网球运动与人际关系

个体在社会中要想实现更好的发展，必须建立起良好的人际关系。人际关系反映了人与人之间在互动过程中所获得的心理满足。在日常生活中，人们总是试图与他人建立起一种感情方面的联系，从而使自己的心理需求得到相应的满足。一般情况下，友好的关系能够给人带来一定的心理满足，自己的身心也能得到更好的发展。总之，人际关系实际上是一种情感的相互交换，只有建立起良好的人际关系才能够营造出更加和谐的社会关系。

具体来讲，网球运动对于参与者人际关系的影响主要表现在以下几个方面。

（1）提高人的沟通能力

网球技术有着其自身的特殊性。在运动者刚开始学习网球技术时，每一个动作技术都是在教练员的讲解示范和自身的练习实践中学到的，双方之间需要不断地进行交流。因此，学习网球运动需要运动者具备一定的沟通能力，而学习网球运动能够不断提高这种沟通能力。在网球比赛中特别是在双打比赛中，队友之间所进行的交流也是非常重要的。因此，经常参与网球运动对提高运动者的沟通能力、形成良好的人际关系非常有帮助。

（2）提高对身体语言的理解和使用能力

身体语言是人与人之间进行交流的一种重要的方式，同时也是人进行正常交流的一种必备能力。参与网球运动对于提高语言表达能力非常有帮助。网球运动的很多技术动作都能够改善运动者的身体柔韧性与协调性，从而促进运动者实现肢体动作外观与内涵的统一。

（3）改善自我意识水平，提升移情能力以及社交技能

自我意识水平在人际关系中的作用具有很强的针对性。随着社会的不断发展，人们之间的相互交往较之以前更为含蓄，参与网球运动能够使运动者形成更好的自我意识，并使其在不断的运动实践中转变成为一种调节自身行为的能力，而把这种能力应用于交往中可以有效提升参与者的社交技能。

4. 网球运动与现代生活方式

如今，社会经济正在迅速发展，科学技术也日益发达，人们的物质生活日益丰富。然而，科学技术在促进人们生活水平不断提高的同时，也给人们带来了很大的生存压力，很多人也会因此而产生"现代文明病"，造成身体健康水平的降低。

网球运动对于人们适应现代生活有着非常积极的作用，具体来讲主要表现在以下几个方面。

①网球运动可以有效缓解人们在现代生活中所产生的疲劳。参与网球运动不仅能够使人们的疲劳神经得到很好的休息，同时还可以有效缓解人们生活当中的紧张情绪，从而使人的全身达到一种平衡的状态。

②网球运动能够提升人们对于现代生活的适应性。研究表明，经常参与网球运动的人大多会对生活节奏的变化具有更好的适应能力。这主要是由于网球这一运动具有综合性。参与该运动能够使运动者的精神状态、心血管系统得到相应的改善，运动者的精神状态以及身体机能也能得到很好的调整，从而能够更好地应对现代生活中的各种问题。

③网球运动可以在一定程度上丰富人们的闲暇生活。在现代生活中，随着人们闲暇时间的增多以及健康意识的不断增强，利用闲暇时间参与各种运动的人在逐渐增多。进行网球运动训练不仅能够提高身体素质，还能够提高人们的生活质量，令其更好地适应现代生活。

三、全民健身背景下网球健身俱乐部的经营管理

随着全民健身活动的不断普及和开展,众多体育运动逐渐成为其中的重要内容以供人们选择,网球运动也是其中之一。在全民健身背景下,网球运动也逐渐发展出诸多的组织形式,其中俱乐部是最为常见的一种形式,如商业网球健身俱乐部、高校网球健身俱乐部、社区网球健身俱乐部等。本部分主要就这三种形式的网球俱乐部的经营管理展开论述。

(一)商业网球健身俱乐部

1. 商业网球健身俱乐部的服务管理

作为一个新兴的行业,商业网球健身俱乐部需要进行创新型的管理,要在管理中的各个环节贯彻创新原则,以此来组建一个具有较强专业性的服务团队,提供不断创新的定制化、个性化服务,对商业网球健身俱乐部的核心竞争力进行培养,从而提供具有更高附加值的服务以获得更大的市场。

服务质量就是商业网球健身俱乐部所提供的一系列服务是否能够与消费者的期望相符合。硬件设施和软件服务是决定服务质量好坏的主要体现。满足会员的具体需求是商业网球健身俱乐部进行服务质量管理的主要目标,这主要是根据会员的具体需求对相应的新的服务项目进行有针对性的开发。为了提高服务质量、满足广大会员多样化的消费需求,商业网球健身俱乐部需要不断加强对服务人员的专业技能培训,授权一线员工相应的判断范围与处理权,有效提高服务质量。管理和监测会员身心健康的各个方面,并为会员提供更为优质的服务,同时要将这种服务理念植根于相关从业人员的心中。

(1)商业网球健身俱乐部的设备管理

对于商业网球健身俱乐部来说,其所销售的产品是一种健康服务,而这种产品所依托的设施设备也应该保持在"健康"状态。在商业网球健身俱乐部的日常工作之中,会员的大部分投诉并不是针对服务人员的态度问题,而是针对健身设备的问题。因此,对商业网球健身俱乐部的设施设备进行管理有着非常重要的意义,其内容主要包括以下几个方面。

①把好设备选购关。商业网球健身俱乐部包括很多的档次,并且不同档次所需要的设备档次也存在较大差异。要根据各个商业网球健身俱乐部对应的档次以及规模来对设备和设施进行选择和配备,以将设备所具有的实用价值充分发挥出来,同时还要保证设备的质量,特别是设备的安全性能。

②确保制度的落实。商业网球健身俱乐部会涉及很多设备设施，因此应该制定规范、全面的规章制度，并在日常维护保养中进行落实。保障设备的完好率与提高其有效使用率，降低设备损耗，能使商业网球健身俱乐部的经济效益实现最大化。

③做好维修检查和更新改造工作。既要对设备设施做好日常的维修工作，又要对设备设施进行定期检查和大修，通过系统的保养和维护使设备的使用年限得以延长。同时，还要做好对设备的更新改造工作，以使企业的市场竞争力和企业形象不断提升。

（2）商业网球健身俱乐部的顾客服务管理

①顾客服务管理的基本要求。第一，及时性。商业网球健身俱乐部所提供的服务工作必须及时到位，必须及时向本俱乐部会员提供所有的服务信息，以使他们的合理需求能及时得到更好的满足。

第二，便利性。商业网球健身俱乐部在对各个方面进行设计时要注意便利性，即要尽量为会员安排更为便利的课程时间，如在会员方便或者愿意的时间段为其提供相应的服务。

第三，专业性。商业网球健身俱乐部要具有高水平的管理队伍、教练员队伍以及后勤保障队伍等，同时要注意对他们进行相应的培训，以使不同层面的会员的需求得到满足，从而为商业网球健身俱乐部树立良好的品牌形象。

第四，周到性。商业网球健身俱乐部必须对各种可能遇到的问题提前进行考虑，并对所遇到的问题进行妥善的处理。

②顾客服务管理的主要内容。顾客服务管理的主要内容包括服务人员的基本要求和服务人员的服务态度与沟通技巧。

服务人员的基本要求如下。

职业道德：遵守国家法律法规和有关规定，依法经营；对服务工作充满热情，以全身心投入的态度关注顾客需求，做好自己的工作；对顾客给予足够的尊重，积极满足客户的需求，并认真履行相应的服务职责；诚信待人、平等交易、实事求是，维护公司信誉，保障顾客合法权益。

接待用语：在接待顾客的过程中应该使用标准的普通话，并具备良好的语言表达能力；在不同服务场合中，要使用得体的、文明的语言；要进行有效的语言交流，需要掌握一定的原则和技巧，要用平和的语气说话，并认真倾听顾客的问题，对于关键问题可以重复确认，以更好地了解顾客的需求；

对顾客提出的问题每一个都要回答，要尽量理解顾客的心情；当做出回答时，应注意言简意赅；不能干预顾客交流，不能对顾客品头论足；要了解并精通一到两种常用的接待外语（其中英语是必须掌握的）。

行为仪表：言语得体，气度优雅，精神饱满，举止得当，容貌亲切，自信自爱；穿着整齐划一，工作证明显；发型整洁优雅、自然得体；针对不同的顾客，应根据他们的生活习惯等因素为其提供符合需求的接待服务；对所有顾客要平等；要留意细节，保持得体的举止（如不剔牙、不挠头皮、不打哈欠等），以塑造良好的形象，给顾客留下好印象；对于顾客的投诉要进行妥善处理，要认真跟进、解决顾客反馈的问题。

服务人员的服务态度与沟通技巧如下。

服务态度：在与人沟通交流的过程中，态度要诚恳，积极的态度往往能够吸引顾客上门或者再次光顾；在谈话的过程中，有一部分讯息是通过身体语言来传达的，面部的表情、手部的小动作都能够传递对顾客的态度；在恰当的时机说适当的话是一种非常重要的技巧，要避免出现一些容易使人产生误会的话；要对顾客的名字进行熟记，这既能反映出对顾客的关心，也能表现出对顾客的尊重。

沟通技巧：要善于从顾客的立场来探明他们的想法、需要和兴趣；倾听是一种比较好的沟通技巧，但如果仅仅是被动去听也是很难解决问题的，要学会在倾听的过程中找出问题的症结；要尽量减少对专门术语的使用，多用一些对方所熟悉的词语；在交谈的过程中要使用礼貌、友善的语言，以使会员能够感受到自己是被尊重的；不要随意编造自己不清楚的信息，要实事求是地告知顾客，并告诉顾客可以在哪里获得正确的信息。

（3）商业网球健身俱乐部的会籍顾问管理

在商业网球健身俱乐部的服务管理中，会籍顾问管理是一项非常重要的内容。作为一种新的工作岗位，会籍顾问主要针对会员进行服务和管理，其本质是一种销售人员。需要注意的是，向会员推售健身卡并不是会籍顾问工作的唯一内容，通常情况下，会籍顾问需要进行一对一的服务，具体包括预约体测、停卡等各种工作。倘若有顾客需要到商业网球健身俱乐部进行相应的服务体验，会籍顾问需要做具体的安排；倘若顾客无法参与网球运动，会籍顾问需要向顾客打电话询问并了解具体情况，并提醒顾客要坚持有规律的网球运动；倘若在网球运动的过程中，顾客遇到了一些困难，会籍顾问需要对此进行处理,直至顾客感到满意。

对于会籍顾问管理,商业网球健身俱乐部首先应该准确认识到会籍顾问对于自身的重要性,应该对其有一个准确的定位,同时建立一套完整、有激励性的薪金制度;要针对会籍顾问的服务技巧、沟通能力、销售技巧等进行培训。此外,培养会籍顾问并不是一蹴而就的,而是需要在培养的过程中不断地发现问题、解决问题,并对其给予鼓励。同时也要为优秀的会籍顾问提供足够广阔的发展空间,使其能够不断学到新的东西,从而更有存在感和归属感。

2.商业网球健身俱乐部的教练员管理

我国健身行业经过多年的发展已逐渐趋于成熟,并在很多方面获得了很大的进步。但与国外商业网球健身行业的发展现状相比,目前我国商业网球健身行业在管理规范方面还是相对落后的,主要体现在教练员管理方面。

作为商业网球健身俱乐部发展不可缺少的重要因素之一,教练员会直接与顾客进行接触和沟通,是商业网球健身俱乐部最好的代言人。在商业网球健身服务中,他们的运动技能和健身方法是不可或缺的重要组成部分。教练员的水平越高,就越能够为商业网球健身俱乐部吸引更多稳定的会员,提高会员参与网球运动的兴趣,同时还能够凭借其良好的声誉吸引更多的新会员参与其中。可以说,在商业网球健身俱乐部中,教练员是非常宝贵的资源。

商业网球健身俱乐部的教练员不但应该掌握带领顾客进行网球运动的基本技能,同时也要掌握相应的管理技术以让顾客更好地发挥潜能、保持健身水平、体现力与美。教练员要仔细观察顾客在有针对性、策略性的训练过程中所表现出来的心智模式,对其潜能进行充分的挖掘,从而促使顾客能够有效达到预定的目标。

当前,我国商业网球健身俱乐部教练员的性别比例总体来讲较为合理,其中男性教练员稍多于女性。

如今,人们处于快节奏的生活环境中,同时面临着很大的工作压力。当人的收入达到一定的水平之后,就会更加关注个人的运动与健康状况,更多的人选择在空闲时间到健身房去进行健身运动。而对于不同身体素质与不同健身目的的人群来说,如何获得更加有效的健身效果是一个非常关键的问题,私人教练这一职业也应运而生。

①私人教练往往会在约定的时间段内,对一位固定的健身者,根据其生

活习惯、身体健康状况，以及个人的健身需求，制订出具有个性化的训练计划，以对健身者的运动健身进行有效的辅导。私人教练一般都是按照小时进行收费的，并采取一对一的健身服务，具有针对性、互动性等方面的特点。有针对性地帮助顾客维持健康，进行科学、系统的网球健身指导是商业网球健身俱乐部私人教练最为重要的职责。

②对私人教练进行聘请，其作用主要体现在以下几个方面。

促使顾客的身体能够得到更为全面的发展。

使顾客的体重能够达到并维持在正常的范围之内。

帮助顾客实现持之以恒的训练。

针对身体有特殊情况的会员加以特殊关照。

帮助顾客寻求最佳的训练途径与方法。

避免顾客健身走弯路。

③私人教练的职业特点是具备丰富的知识与技能，具有广阔的市场。

私人教练需要具备丰富的知识与技能：私人教练不仅应该具备非常专业的心理、医学、营养与运动技能知识，良好的沟通能力，同时还应该有高尚的职业道德。在顾客完成课程的过程中，私人教练应该观察他们并对其进行适当的鼓励，对他们练习过程中出现的不规范动作进行纠正，指导顾客科学消耗过剩的热量、掌握运动与营养知识，使顾客在日常生活中能够更加灵活地运用健身方法。私人教练既要针对每一个顾客制订出完整、有效的整套运动计划，同时还要努力成为顾客建立健康生活方式的指引者。

私人教练具有广阔的市场：随着健身市场的快速发展，除了国内一些健身中心之外，国外的很多健身连锁机构也都纷纷登陆中国，而与此有着非常密切关系的专业人才是非常缺乏的。大部分健身俱乐部主要依靠从其他行业转行来的"业内精英"，而他们通常不具备系统的健身专业知识。在目前的商业网球健身行业中，持有资格证的教练员的数量是非常有限的，很多教练员的资质也是不达标的，也非常缺乏优秀的私人教练，这就表明私人教练这一职业有着非常广阔的市场发展前景。

（二）高校网球健身俱乐部

1. 高校网球健身俱乐部的目标和任务

高校网球健身俱乐部有着多种多样的体育活动形式和丰富多彩的活动内

容，其目标与任务主要涉及以下几个方面。

①培养大学生的体育爱好与体育兴趣，促使大学生养成终身参与网球锻炼的良好习惯。

②促使大学生的体质不断得到增强，并向其传授网球运动技能和知识。

③充分地挖掘和培养高校网球运动人才。

④吸引更多的大学生参与其中，提高大学生参与网球运动的积极性。

⑤有效整合高校的体育器材、体育场馆以及其他相关的体育资源，从而为大学生更好地参与课外网球活动和课内网球活动提供便利条件和良好的环境。

⑥更好地贯彻和落实素质教育，对高校的网球教育进行深入的改革，探寻出能够促使大学生各个方面素质得以提高的最佳方案，更好地提高网球教学的效率。

⑦将资源作为基本依据，对那些具有共同爱好、需要和兴趣的大学生进行全面、充分的组织，并对其进行内容多样、形式丰富的教学。

高校网球健身俱乐部作为一种全新的体育教学模式，是深入贯彻素质教育的一个典型，这也使得我国全面培养体育人才成为一种可能。

2.高校网球健身俱乐部的组织结构与教学结构

（1）高校网球健身俱乐部的组织结构

①自下而上的方式。概述：采用自下而上的方式来对高校网球健身俱乐部的组织结构进行确定，主要是根据大学生的具体需求来创建俱乐部。通常来说，采用这种方式，首先要对大学生的网球运动需要进行详细的调查和了解，然后将整理好的调查信息汇报到管理部门，从而确定出将要创建的俱乐部形式。在这种组织结构中，能够充分体现出"以人为本"的基本办学理念，这也是积极贯彻教育部门所倡导的以学生为主体的"三自主（自主学习、自主管理、自主发展）"教学模式的集中体现。

优点：这种方式所创建出来的俱乐部形式能够更好地贴合学生的具体需要，能够满足学生的具体的网球运动需求，能够进一步激发学生对网球运动的兴趣，让学生踊跃参与俱乐部活动，而且也能够进一步促使网球教师的业务水平提高。

缺点：网球教师承受着非常大的压力，现有的网球教育资源也很难使俱乐部的具体需求得到满足，资金缺乏，这些都使得网球运动很难顺利开展。

自下而上的模式（见图2-1）受到大学生的普遍欢迎。

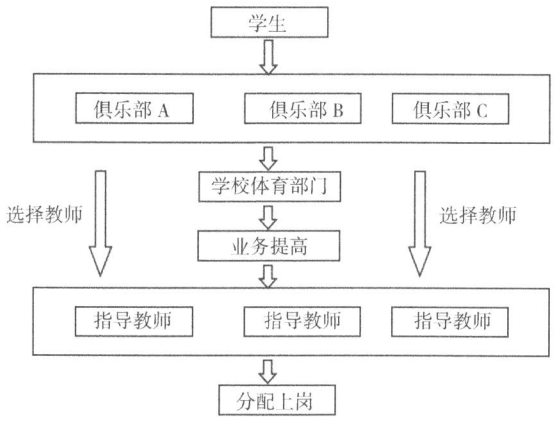

图 2-1　自下而上的模式

②自上而下的方式。概述：由管理部门针对俱乐部的开展形式进行确定。高校有关管理部门要结合本校具体实际来对现有的体育资源进行充分考虑，并在此基础上来对俱乐部的组织形式进行科学设计。

优点：采用这种方式来确定网球健身俱乐部的开展形式，能够使网球教师在俱乐部中充分发挥出自己的优势和特长，并且能够更好地对本校的网球教育资源进行整合。

缺点：以这种方式来对俱乐部的开展形式进行确定，无法很好地反映出学生的具体需求，也无法充分地满足学生的体育需求。

在结合本校的师资力量及体育资源后，大多数高校都会选择自上而下的方式（见图2-2）来对网球健身俱乐部进行设计。

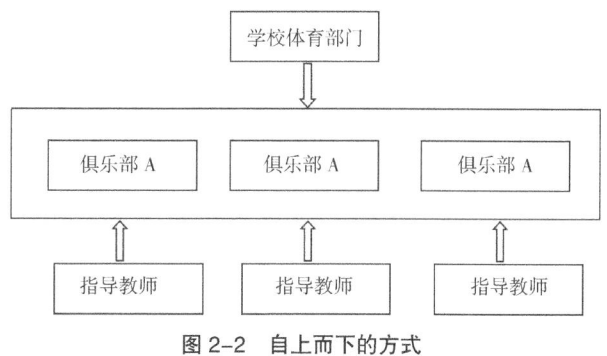

图 2-2　自上而下的方式

（2）高校网球健身俱乐部的教学结构

在高校网球健身俱乐部中，体育教师在教学的过程中要根据具体的教学内容来灵活地选择相应的教学方法和结构。

①与"俱乐部教学模式"相符的教学方法。高校网球健身俱乐部具有鲜明的集体性特征，这也使得在教学过程中，体育教师普遍采用"发现式"教学方法。这种方式能够很好地帮助教师的观、看、帮，与学生的动、练、学形成统一的体系。针对学生的错误，教师能够进行逐一纠正。这一方法体现出了比较好的"以学论教"的理念。在对学生的学习状态进行评价的过程中，网球教师要格外注意学生是否具有比较积极的参与网球学练的态度，是否具有合理的活动分工，学生之间是否建立了比较融洽的合作关系等。在整个的学习过程中，教师都要将学生的状态考虑在内。

②高校网球健身俱乐部的教学组织形式。虽然在同一网球健身俱乐部中学生成员具有相同的爱好和兴趣，但在技术水平方面存在比较大的差异。这就要求参与网球健身俱乐部的学生学会相互尊重、相互帮助，并加强相互之间的沟通和交流，从而在互助和合作的过程中达成学习目标。为了更好地促使俱乐部中全体成员的技术能力得以全面提高，我们需要对教学的具体组织形式加以科学的设计和确定。

在俱乐部中，成员之间要想实现合作，主要是通过"队与队""组与组"的形式来达成的。这就要求网球运动教师根据学生的技术水平来进行合理的分组。通常来说，教师进行分组主要采用"三级"组织形式（见图2-3），即初级、中级、高级，这三个等级层层递进。这种组织形式能够让学生的学习不断深入，并使学生的技术能力逐步完善，在此过程中，学生也会产生满足感、快乐感和成就感。

就事实来讲，在激励机制中，"三级"组织形式也是其中一种重要的表现形式。就整体来说，"三级"组织形式具有很强的针对性，能够获得比较理想的教学效果，受到教师和学生的广泛欢迎。这是高校网球健身俱乐部的一个优势和特征。

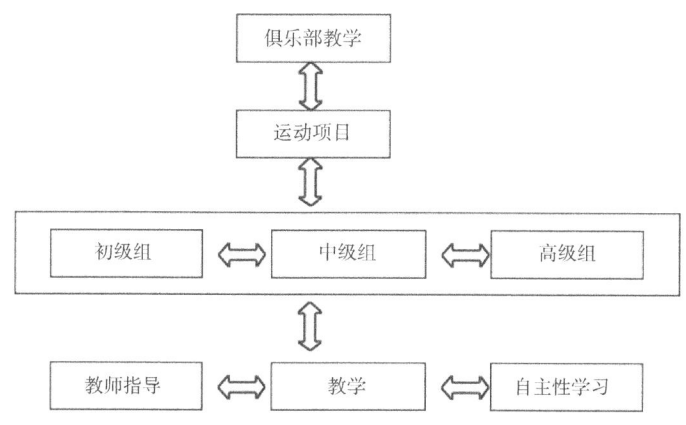

图 2-3 俱乐部中教师分组采用的"三级"组织形式

③教学内容的确定。在对采取"三级"组织形式的过程中,高校网球健身俱乐部对教学内容提出了不同的要求。这主要是因为这一组织形式具有递进性,这使得不同级别的教学有着不同的侧重点(见表 2-1)。

表 2-1 "三级"教学形式中不同级别教学的侧重点

级别	初级组	中级组	高级组
教学内容	基本技术 基本动作	技术应用 战术教学	技术 战术实践
形式	集体练习	团队合作	竞赛

无论是对处于哪一级别的学生进行教学,高校网球健身俱乐部都要以团队的形式进行。在团队中,学生能够对自己的沟通能力加以锻炼,并对自己的抗压能力进行磨炼,并将以往"怕出问题""不好意思"等心理负担卸掉,这使得整体的素质得到更好的提升,同时学生之间的相互交流和沟通也能够更好地促进和谐校园的建设。

3. 高校网球健身俱乐部的具体管理

(1) 入选资格

只要学生对网球运动有兴趣,就能够自由加入俱乐部。上一学年、上一学期从事本项目的学生也能够再次申请加入。

（2）俱乐部分班

当俱乐部的学生太多时，可以将这些学生划分成几个班级，并且每个班级都有着一定的人数限制，以及合理的性别搭配。一般来说，在进行分班的过程中，要考虑教师的工作量，以确保体育教师能够有效地完成教学任务。此外，还要充分考虑学校的体育资源，以使这些资源得到充分利用。

（3）俱乐部管理章程

高校网球健身俱乐部要制定出相应的管理章程，以更好地约束和规范俱乐部成员的行为。通常来说，学院要统一制定俱乐部管理章程的范本，然后以此为依据，网球健身俱乐部要制定出本俱乐部的详细章程，同时结合自身的具体实际补充新的内容。制定好的章程需要经过学院体育主管部门的核准才能生效。

（4）高校网球健身俱乐部经营与管理的指导思想

"健康第一""以人为本""终身体育"是我国高校网球健身俱乐部经营与管理的主要指导思想，这也是根据国家的教育政策和方针来制定的。

①"健康第一"。在体育教育中，"健康第一"是其中的一个非常重要的理念，体育教育的基本目的是促使学生的体质水平得以提高。在促使学生体质水平不断提高的过程中，体育教育必须始终坚持贯彻"健康第一"的理念，不能为了促使体质水平提高而忽视身体健康的重要性。高校网球健身俱乐部管理模式的建立要坚持"健康第一"的指导思想，帮助学生建立正确的体育观念，并在体育工作中始终贯彻这一观念。这是新时代学校体育教育工作者应完成的重要任务。

②"以人为本"。在高校体育教育发展及高校网球健身俱乐部管理模式建立过程中，"以人为本"的科学发展观及教育理念有着非常重要的指导意义。在"以人为本"中，"人"既是指个体，也是指全体，它既具有社会属性，也具有自然属性。高校网球健身俱乐部管理模式的建立必须将"以人为本"的理念作为基础，以使学生日益增长的体育需要得到满足。

③"终身体育"。"终身体育"是指一个人能够终身接受体育教育，并参与体育锻炼。一般来说，"终身体育"教育可以分为学前体育教学、学校体育教学和社会体育教学三个层次。其中，在"终身体育"教育中，学校体育是其中非常重要的环节。身处青春期的青少年必须加强对体育课程的学习，以促使自身的体育水平不断提高。新时代，在高校网球健身俱乐部的体育教育

中，一定要树立"终身体育"的观念和意识，使学生养成科学参加体育锻炼的良好习惯，将体育锻炼贯穿学习、生活的始终。学生积极主动地参与体育锻炼，进而形成良性循环，最终实现"终身体育"的目的。

在高校体育教育中，"健康第一""以人为本""终身体育"是非常重要的指导思想，作为高校体育教育的一部分，高校网球健身俱乐部在管理模式构建方面也要遵循这一指导思想，以实现科学有效的管理。

4.高校网球健身俱乐部经营与管理模式的构建

（1）俱乐部类型

高校网球健身俱乐部的类型主要包括三种，分别是教学型、训练型和健身型。

（2）俱乐部中会员构成及人数安排

高校网球健身俱乐部是面向全体学生开放的，学生是俱乐部的主要参与群体。除此之外，高校中的部分教职工也可以参与俱乐部的相关活动，成为俱乐部的成员。为了更好地保障俱乐部的运营质量，就需要规定各个俱乐部的具体人数。通常来说，每一个俱乐部所拥有的会员为30人，如果俱乐部所拥有的人数太多，就需要根据具体情况对学生进行分组。

（3）俱乐部的师资构成

体育教师是高校网球健身俱乐部的主要师资。此外，还有体育特长生、外聘教师、其他部门的教职工等。

（4）俱乐部的经费来源

高校网球健身俱乐部的经费主要来源于学校下拨的经费、会员缴纳的会费以及企业的赞助等。不同类型的俱乐部所需要缴纳的经费也是不同的，这要根据具体实际需要来进行确定。

（5）俱乐部的组织管理机构

通常情况下，高校网球健身俱乐部的主席都是由学校领导来担任，并由体育管理学院的领导、校工会、校团委以及教务处的相关领导担任俱乐部的副主席。高校网球健身俱乐部的主任、指导员、指导教师、成员共同构成了项目部组织管理人员。俱乐部的主任负责挑选相应的体育教师来对俱乐部活动进行组织。高校网球健身俱乐部组织管理机构中相关管理人员的职责如下。

俱乐部整体的运行计划交由俱乐部的副主任来进行制订，副主任同时检查和监督本俱乐部的工作。

公共体育部主任负责安排俱乐部的相关工作,并检查和监督俱乐部工作及计划执行进展情况。

俱乐部主任对运动计划进度进行安排,检查每一位指导教师的具体工作情况。

俱乐部的指导教师都要将自身的工作做好,并建立学生档案。

俱乐部的学生体育骨干对俱乐部成员进行召集,使其参与俱乐部举办的活动,学生体育骨干在活动参与中要发挥良好的带头与模范作用。

(6)俱乐部的活动内容

在安排和设置高校网球健身俱乐部的具体活动内容时,要对高校的体育师资力量、具体教学实际、体育基础设施,以及学生的男女性别比例进行充分考虑。

(7)俱乐部的活动时间、次数及地点

一般情况下,8:00到20:00是高校网球健身俱乐部开展活动的时间。在对俱乐部活动时间进行确定的过程中,要对学校教学安排以及师生的作息时间进行考虑,同时为了安排得更加合理,还需要对全校师生开展相应的问卷调查,并根据相应的调查结果确定时间。

高校网球健身俱乐部要结合自身具体需要来对每周所要组织的活动次数进行确定。在俱乐部中,会员都要至少参与一个学期的活动或者在俱乐部中进行为期一个学期的网球运动学习,然后,再结合自身具体情况来决定是否继续参与相关内容学习。

对高校网球健身俱乐部来说,高校体育场馆是举办网球活动的主要场所。要根据实际需要来确定场所,也可以同校外其他相关单位进行沟通来对场馆进行确定。

(8)俱乐部的组织形式

高校网球健身俱乐部必须将学生作为中心,具体来说,就是要将学生的具体兴趣作为中心,要结合俱乐部的具体任务和特征,指导教师同学生一起来设置和安排相应的教学内容,并选择合适的教学方法。在具体的教学过程中,教师既要对实践教学给予充分的重视,同时也要重视对相关理论知识的传授,并通过相应的理论教学来对学生的体育意识进行重点培养。在对教材内容进行安排的过程中,教师要特别重视将阶段性和系统性充分结合起来,并进行层层推进,从而促使学生的体育素质不断得到提高。

（9）俱乐部的教学方法

在选择教学方法方面，高校网球健身俱乐部要注意所选择的方法能够对学生的体育能力和体育兴趣进行培养，让学生的主观能动性得到充分发挥，更好地激发学生的创新思维，并促使教师和学生形成一个比较良好的互动关系，以促使学生能够形成正确的体育观念，并提高其实践能力。

（10）俱乐部的考核和评价

高校网球健身俱乐部的考核与评价不采取学分制的形式，也不考核学生的成绩，而是主要衡量俱乐部师生是否达到了自己的目标。

（11）俱乐部的管理方法

高校网球健身俱乐部对会员的管理主要采用激励机制，如精神激励、物质激励等。

所谓精神激励，就是对会员的具体兴趣和爱好进行了解，并且想方设法进行满足。俱乐部要定期地对那些具有突出表现的会员进行表扬。同时，还可以开展相应的对优秀会员进行评选的活动，以此来更好地激励会员参与各种体育活动。

所谓物质激励，就是俱乐部对那些具有突出表现的会员给予相应的物质奖励。

训练型体育俱乐部的会员有时会代表学校外出参加重大比赛，有时能够取得良好的成绩，为学校赢取荣誉、增光添彩。对于这部分学生，俱乐部要给予其物质与精神两方面的奖励。

（三）社区网球健身俱乐部

1. 社区网球健身俱乐部经费筹集模式

就目前来说，社区网球健身俱乐部在经费筹集方面有着非常多的方式，主要有政府补贴，赞助商赞助，提供咨询服务，以及收取场馆使用费、会员费和门票收入等，具体如下。

（1）政府补贴

在社区网球健身俱乐部创建的初期阶段，其各个方面的发展是相对不够成熟的，无法实现自负盈亏和自主经营。这时就需要政府给予相应的资金补贴，以更好地促进社区网球健身俱乐部不断发展和完善。政府在给予相应资金补贴的同时，还要制定出相应的优惠政策，如减免一定的税务。

（2）赞助商赞助

在进行自我管理的过程中，俱乐部可以通过赞助商赞助的形式来获得相应的资金。另外，也可以通过开展体育比赛和体育表演等来促使俱乐部的影响力得到不断扩大。社区网球健身俱乐部还要与其他企业、单位进行积极的合作，以更好地促使其对俱乐部进行投资，达到互惠互利的目的。

（3）提供咨询服务

通过向人们提供相应的体育健身指导服务，俱乐部可以获得相应的经济收入。社区网球健身俱乐部可以设立相应的网球指导咨询处，针对健身者的体育与健康方面的问题进行解答，并给出合理化的建议和意见。在现代社会中，互联网给人们的社会生活带来了非常重要的影响。社区网球健身俱乐部可以建立相应的微信公众号、资讯网站等，并建立起相应的健身数据库，为人们更好地掌握各种健身方法提供科学指导，同时传授相应的健身理论和健身技术，并为一些组织或企业开展体育活动进行策划等。

俱乐部还可派遣相应的人员提供技术指导，以更好地帮助健身者获得相应的体育技能和体育基本知识，并适当地收取一定的服务费用。提供体育信息服务和咨询，一方面能够促使俱乐部成员不断提高自身的实践能力，并在此过程中积累相应的指导经验；另一方面，也能够使俱乐部从中获得一定的收入。

（4）收取场馆使用费

对于体育器材和体育场馆的限制势必会造成资源的浪费，这时可以在闲暇时间将多余体育器材和体育场馆向其他人进行出租，并从中收取一定的使用费用。

（5）收取会员费

收取会费是俱乐部的又一重要的收入来源。作为一个群众性组织，社区网球健身俱乐部要想实现正常的运作，需要会员缴纳一定的费用来更好地维持其运转。人们只有缴纳相应的费用，才能正式成为俱乐部的一员，也才能更好地享受俱乐部的各项服务。

（6）门票收入

门票收入是社区网球健身俱乐部的一个非常重要的收入渠道。社区网球健身俱乐部承办相应的比赛，并收取一定的门票费用，能够在一定程度上赚取相应的资金。

2.社区网球健身俱乐部的场馆与器材建设模式

各项健身活动的组织和开展主要是在体育场馆中进行,如果没有相应的体育场馆,那么人们的健身锻炼势必会受到相应的影响。我国目前大部分社区缺乏足够的运动场馆,这是阻碍社区网球运动进一步发展的第一大难题。加强体育器材和体育场馆的建设,可以从以下几个方面着手进行。

(1)要加大对体育场馆设施建设的投入力度

所有建设的体育场馆设施必须更好地满足广大人民群众日益增长的对体育健身的需求,在促使俱乐部收入增加的基础上,政府还需要做好以下两个方面的工作。

①立法保障。在现代城市中,土地资源成为有限的资源,相对比较紧张。有些开发商在进行社区建设的过程中,往往会无视人们参与体育健身的需求。这就要求政府针对城市社区体育设施配套建设方面进行立法,制定出相应的保障性政策,以促使城市在进行小区开发、城市规划的过程中,将网球运动场地设施建设纳入总体的规划建设之中。

②调动社会力量。社区网球健身俱乐部的场地设施建设,除了需要政府进行投资之外,还需要对社会力量进行充分调动,对体育社团、企业组织和个人等的投资进行鼓励。

(2)要全面地推进现有体育场馆设施向社会开放

①体育场馆设施利用现状。由于我国体育场馆设施在利用率方面较低,为了更好地促进我国社区网球健身俱乐部的发展,社区要积极地推动体育场馆设施对外开放。当下我国的体育场馆和场地设施并没有得到很好的利用,主要是由于大多数的体育场馆都设置在学校里,并且这些场馆大都长期处在闲置的状态。教育部门要针对体育场馆开放制定出积极的措施,以使人们参与体育活动的需求得到满足。

一些体育场馆距离居民区比较远,这就会给人们的健身带来很多不便之处。这就要求我们在规划体育场馆建设中,要重视中小型体育场馆的建设,以更好地方便人们进行健身锻炼。

对于那些面向社会开放的体育场馆,其价格也都是比较高的,这也在无形之中阻碍了群众健身。这就需要通过相应的政策来对体育场馆高消费的现象进行有效调控,从而更好地实现体育场馆使用的平民化。

②体育场馆开放管理模式。一般来说,在开放体育场馆方面,比较常用

的管理模式主要有以下三种。

第一，公益性管理，始终遵循非营利性原则，对社区体育活动中心、公共体育场馆等进行管理，并使之对广大社区群众进行无偿和低偿服务。

第二，针对协会举办的俱乐部实行半市场化管理，使之面向整个市场进行自主经营，以此来促使自我发展的能力得以不断提高，并让其采用低廉的价格将体育服务提供给社区群众。

第三，对于那些经营性的俱乐部来说，要让他们和群众体育组织进行深度合作，加深双方之间的联系，经营性俱乐部应该利用自身的技术和场地优势，更好地支持群众进行各类体育活动。

3. 社区网球健身俱乐部指导员队伍建设

我国人口相对较多，社会体育指导员相对较少，还不能满足人们的健身需求。另外，社会体育指导员的素质相对较低，不能满足人们科学健身的需求。加强我国社区网球健身俱乐部指导员队伍的建设，应注意以下几方面的问题。

（1）发挥政府的管理职能

在社区网球健身俱乐部中，在对指导员队伍进行建设时要确保政府职能得到有效的发挥。就目前来说，我国群众体育健身的总体需求增长较快，人们的健身需求难以获得满足，要加快对体育指导员的培养速度，提高指导员的整体业务素质。此外，针对社区网球健身俱乐部指导员队伍建设，要进一步落实和规范等级制度，确保政府的管理职能得到有效发挥。

（2）建立水平考试制度

为了更好地促使社区网球健身俱乐部指导员队伍的整体素质得到进一步提升，就需要我们将社会体育指导员的相关资格测试设定为一种水平考试，以促使那些期望从事社会体育指导工作的人在经过一定的努力之后能够达到相应水平。一般来说，通过建立统一的水平考试制度，既能够对社会体育指导员的培训内容、相关资格、培训标准等进行相应的规范，同时还能够很好地体现出公开、公平、公正的原则。

（3）疏通指导渠道

既要加强社区网球健身俱乐部指导员队伍建设，同时还要重视有效疏通对社会体育指导员提供社会指导的渠道。具体而言，应注意以下几方面的工作。

第一，对社会体育指导员对群众进行培训和指导的制度加以完善，并促使服务领域得以拓宽，促使社会体育指导员的社会认可程度得到提升。

第二，对群众的实际体育需求加以积极调查，对不同领域社区体育指导员的具体状况加以了解，然后根据所获得的反馈信息，对社会体育指导员加以有针对性的培养。

第三，促使我国参与各体育组织的人的数量不断提高，以更好地为社会体育指导员提供一个更加稳定的指导服务渠道。

第四，对于社会体育指导员协会及其相关的管理信息网络，我国要着重加以建立和健全，以使广大群众能够更加便利地找到社会体育指导员的信息。

4.社区网球健身俱乐部管理机制

（1）我国社区网球健身俱乐部管理制度

社区网球健身俱乐部要想持续稳健地运营下去就需要制定相应的管理机制。目前来看，我国社区网球健身俱乐部仍处在刚刚起步阶段，其相应的管理机制还需要进一步完善，这就要求我们对社会体育健身管理机制的不断发展与完善给予高度的重视。关于我国社区网球健身俱乐部的管理机制，可以从以下几个方面对其内容进行说明。

第一，根据我国相关的政策和法规，各级行政部门要结合自身具体实际来对与社区网球健身俱乐部发展相关的方针和政策加以制定。

第二，各级社区体育研究部门要在各个相关政策法规的正确指导下，对各社区网球健身俱乐部的相关督导检查制度进行制定。

第三，社区应根据上级指示，在充分考虑自身情况后，制定符合社区实际的规章制度。

（2）社区网球健身俱乐部的组织机构

通常来说，社区网球健身俱乐部包含多个部门，主要有综合部、体育竞赛部、后勤部和联络部等部门。

对于综合部来说，其主要的职责就是为社区居民办理好相关的入会手续，同时还要进行相关的财务管理和各种相关管理制度的制定。

组织和计划各类网球竞赛，同时制定出相关的比赛规则，这些都是体育竞赛部的主要职责。

对相关的器材、设施和场地进行维护和管理，制定出有效的关于器材的管理制度，这些是后勤部的主要职责。

联络部的主要工作内容包括与外部进行沟通交流,安排并组织网球比赛,策划和开展多种形式的交流活动等。

(3)社区网球健身俱乐部的内部管理

①制定社区网球健身俱乐部的目标。在对社区网球健身俱乐部的相关目标进行制定的过程中,要对社区居民的具体实际需求进行考虑,同时还要考虑社区现有的体育资源条件。社区网球健身俱乐部的目标具有可操作性、适应性、超前性和合理性等特点。制定该目标需要社会体育指导员和会员的共同合作。

②逐步完善俱乐部的激励和约束机制。在对目标进行确定之后,社区网球健身俱乐部还要建立起相应的约束和激励机制,以更好地实现目标。要对会员施以相应的精神激励,以使他们的体育健身需求得到满足,同时还要及时地引导和消除在健身活动中会员表现出的消极情绪。

应建立相应的激励机制:在对相关活动进行组织和开展时,要对那些在活动中有着良好表现的会员进行表扬,既可以颁发相应的证书,也可以给予其相应的物质奖励,将其树立为典型和榜样,以促使社区网球健身俱乐部得到更好的发展。

建立评估督导机制:需要由体育行政部门对评估指标体系和评估标准进行制定,同时为了保障社区网球健身俱乐部的稳健发展,还需要体育行政部门对其进行定期评估,即对社区网球健身俱乐部的保障体系、管理体制、目标达成度进行评估,以确保其运营机制科学合理。

5.社区网球健身俱乐部具体运作模式

(1)健身内容设置

在对相关网球健身内容进行设置的过程中,要注意结合社区网球的价值定位及其特点来进行。社区网球健身所包含的内容必须使会员的交流、娱乐、休闲、健身、康复等方面的具体需求得到满足。在对健身内容进行设置时,要确保内容具有适应性和广泛性,以满足会员的具体需要。

在设置健身内容时,要根据社区居民的体质、健康目标进行设置,并与社区居民的身心特点相符合,同时还要适应群众体育的具体发展趋势。通过对社区的相关设施充分利用,确保社区体育资源优势得到充分发挥。

(2)俱乐部的健身活动形式

在组织和辅导会员的相关活动时,社会体育指导员通常会根据年龄将会员划分为四组，分别是老年组、中年组、青年组、少年组。在具体的健身实践过程中，也可以将会员进行男女分组。

（3）俱乐部初学阶段的指导形式

在初学阶段，指导的形式有很多种，主要有社区体育广播、发放宣传海报、理论和技术学习等。对于那些有条件的俱乐部，也可以建立自己的官方网站，对会员进行网上指导。

（4）会员体育（健康）成绩的验收方法

①口头陈述。口头陈述主要是让俱乐部会员有机会展示他们的知识和能力。使用这种方法需要会员具备综合运用知识的能力，以得出相应的结论和做出相应的决策，同时还要能够证明所做的选择是正确的。

②健康测验。这种测验方法主要包含与健康紧密相关的身体素质方面的测评，通过对这一方面的评价来测试其是否取得了相应的进步。此外，健康测验也能够为相应目标的建立提供依据。

③自我评价。经过一定时间的锻炼之后，会员针对自身的身体健康状况进行自我评估，并就健身前与健身后的身体变化进行比较，从而得出所从事的健身锻炼是否取得成效的结论。

第三章 网球运动中的素质训练与作战技术

本章分析的核心内容是网球运动中的素质训练与作战技术，分为网球运动中的灵敏度训练、网球运动中的柔韧度训练、网球运动中的速度训练、网球运动中的作战技术四部分。

第一节　网球运动中的灵敏度训练

一、灵敏素质

灵敏素质指迅速改变姿势、迅速转换动作和随机应变的能力。网球运动员的灵敏性表现在迅速变换动作和变换方向方面。

提高灵敏素质应注意如下问题。

第一，要结合信号、手势或球进行，以提高运动员的反应和判断能力。

第二，需要特别注重增强脚和腰部的灵活性。可以对移动和旋转的复杂度进行增加，通过多次练习提高身体掌控力。

第三，可以在锻炼课前专门进行灵敏性训练，也可以将灵敏性训练融合其他素质训练一同进行。

为了增强灵敏性，应该广泛地利用其他的球类运动——篮球、足球、排球。对田径中的跳跃、掷标枪、跨栏跑和各种技巧运动进行练习，同样也是提高这种素质的良好方法。

网球运动员的灵敏度，有时与各种跳跃有关。比赛中常见的两种跳跃方法：为击高球而向上（有时向后上方）跳跃和向侧跳跃——向远跳。网球运动员跳的方向在大多数情况下不符合于他起初的动作方向，例如在上网时通常不向前跳，而向侧方或后上方跳。由于在比赛时跳跃有这样的特点，在训练课中除了普通的向前跳跃外，运动员应该同样地练习向侧、向后和向上跳跃，并且踏跳的方向有时应该稍不符合于助跑的方向，例如运动员在做跳远的助跑（并不经常是迅速的）时，在到达踏跳的地点后，迅速向侧转身同时踏跳，有时也用这种踏跳法进行高跳。向上跳起时最好手掌触及高挂的物体。在这种跳跃中除了不同的助跑外，也应该时而后退或侧跑。这样能帮助运动员更好地掌握在跳跃中击高球的动作，特别是如果跳跃是与类似这种击球的动作相结合的时候。

增强灵敏性，同样也适于进行各种跳跃，即在腾空的阶段中做各种复杂的、没有预料的动作。这类练习之一是利用各种各样的跳远和跳高练习，在跳跃的腾空阶段中接住从预先不知道的方向抛来的网球。

具备良好灵敏素质的人通常表现出反应迅速、动作精准、应变能力强等特点。运动员要完全掌握所有的网球技术动作是比较难的，但需要有良好的灵敏素质。

二、灵敏素质练习

（一）跳跃练习

1. 十字交换跳

首先保持直立，然后双脚离地起跳，完成前后左右方向的十字跳跃。十字交换的频率越高，训练效果越理想。15秒为一组。

2. 单腿摆动协调练习

按照一定的规律进行单腿跳跃，同时异侧腿在跳跃动作中做好配合摆动，双臂进行前后摆动，接触摆动的脚尖。10次为一组。

3. 跳起空中抱腿

进行原地双脚跳跃，跳起后将两只脚收起，在空中用双手抱膝，然后落地时还原。

（二）奔跑练习

1. 蹲撑直腿交换跑

从蹲撑姿势开始，依次进行直腿交换的动作。每组要做20次该动作。

2. 顺逆跑

一群运动员手拉手连成环形，按顺时针方向奔跑。听到吹哨的声音后立即转身，沿逆时针方向快速奔跑。持续多次地练习，变向要快。每次20秒。

3. 急跑急停

从篮球场端线起跑，快速奔向中线后急停，然后保持位置不变迅速转身，用滑步冲向篮下。到达篮下后急停，然后跳起来去触摸篮板。

4. 躲闪跑

首先，在地面上画出两条间距30米的互相平行的直线，运动员站在一条线的后面。接着，沿着这两条线每隔 6 米插入一根标枪。运动员在听到信号后，立即向另一条线迅速奔跑，同时必须成功地穿过 4 根标枪，以完成练习。

5. 模仿跑

两人分别站在前后位置，彼此的距离为 3 米。前一位运动员在奔跑的过程中展示多种动作技巧，如变向、急停和转身等；后一位则以敏锐的观察力和灵活的身体迅速模拟前一位运动员所展示的各种动作。10 秒后两人交换进行，30 秒为一组。

（三）接球练习

1. 对墙接球

两人搭档，其中一人在距离墙面 2~3 米的位置面对着墙站立。另一个人手持篮球或排球，面向前站在面对着墙的人的身后，朝着各个不同的方向传球。站在墙面前那个人接住球后，立即将身体旋转 180 度，将球传回给后面的那个人。30 秒为一组，两人交替进行。

2. 传接球

两人搭档，其中一人从不同方向和距离外传球或抛球，另一人需要快速移动并迅速接住球，然后传回去。两人交替进行，30 秒为一组。

第二节　网球运动中的柔韧度训练

一、柔韧素质

柔韧素质指关节活动幅度的大小。具有良好的柔韧素质可以促进运动员对网球技术的掌握，还能减少意外伤害的发生。柔韧素质的提高应该注意如下问题。

第一，将其纳入身体训练课的准备活动中，并在开始练习前做好充分的准备活动。

第二，动作幅度要由小到大，用力要柔和，以免拉伤韧带。

第三，在疲劳的情况下，不宜做柔韧性练习。

只有在具有良好的柔韧素质时，网球运动员的专门动作才能被自如地做出来。没有良好的柔韧素质，就不能完全地掌握技术，速度和灵敏性也不可能有好的发展。为了使运动员的动作做得更省力，要增强其对比一般动作摆动更大的动作技术的训练。

伸展性练习是提高柔韧素质的基本方法。应该在训练课中广泛地融入这种练习。伸展性练习应该多样化，以便提高身体各主要关节的灵活性。准确地击网球，需要很好的灵活性，特别是手臂的关节和肩带要灵活，提高这些关节的灵活性，对于网球运动员有着重大的意义。

二、柔韧素质练习

（一）肩部练习

1. 跪姿压肩

并腿跪立，两臂向前伸直，手扶地做下振动作，数次下振后压肩到极限，静止 15～20 秒。其间应逐渐加大幅度。

2. 分腿半蹲转肩

两脚并立与肩同宽，屈膝外展成半蹲，两手扶膝盖，向左转肩 90 度，还原后再向右转肩 90 度，左右反复练习。要求两腿静止不动，转肩要充分。

3. 双人压肩

两个人面对面站在一起，分开双腿站直，身体微向前倾，双臂搭在对方肩膀上，做上体同时下振动作，也可做左右侧压肩动作。要求腿不能弯曲。

（二）振臂练习

1. 扩胸振臂

两脚开立，两臂胸前平屈，手心朝下用力后振，反复练习并逐渐加大振幅。

2. 上下振臂

两脚开立，一臂上举，另一臂下垂，同时用力做后振动作，两臂交换练习，反复做并逐渐加大振幅。

（三）屈体练习

1. 并腿体前屈

采取双脚张开站立的姿势，双手紧抓脚踝并快速下振，当身体下振到一定程度时，上半身紧贴着双腿停留约 15 秒钟。要求两腿伸直，逐渐加大振幅。

2. 体后屈

两脚开立，上体后屈，脚跟提起，双手触及后跟还原成直立，反复练习。后屈时挺腹，注意保持身体平衡。

3. 体侧屈

两脚开立，两手腹前五指交叉翻掌上举，同时中心侧移，一腿站立，一腿脚尖侧点地，上体侧屈做侧振动作，振到最大幅度时静止 15～20 秒。左右侧交换练习，侧振时上体不得弯曲。

（四）压腿练习

1. 前弓步压腿

一腿成前弓步姿势，两手扶膝，身体下振，数次后换腿再做，两腿交替进行。要求后腿充分蹬直，脚后跟不离地，上体保持正直，逐渐加大振幅。

2. 仆步侧压腿

将左腿伸直，右腿屈膝完全下蹲，同时双脚贴地，左手按在左脚背上，右手按在两只脚中间，进行下振，然后两腿交换练习。侧伸腿要直，并逐渐加大振幅。

第三节　网球运动中的速度训练

一、速度素质

速度素质指的是个体运动时在短时间内快速进行身体运动及动作变化的能力。它可以被划分为应速度、动作速度和移动速度。

应速度的含义是在受到各种信号刺激时人体的快速应答能力。动作速度的含义是人在单位时间内完成某个动作的能力。移动速度的含义是人体在单位时间内进行快速位移的能力，通常是在周期性运动中。

网球运动专项速度包括击球的挥拍速度、步法的移位速度和判断的反应速度。这些动作都是非周期性的，预测、判断、反应和做出动作这4个步骤是连贯的，同时存在于每一次的击球动作中，并且它们的完成时间极其短暂。

二、发展速度素质的注意事项

第一，应结合所从事的专项进行。如网球运动员应着重提高视觉的反应速度。

第二，应该在运动员处于有强烈意愿、情绪高涨的状态下进行速度素质锻炼。

提高反应速度和移动速度是每一位网球运动员都必须做的事情。

网球运动员的反应是复杂的感觉。它之所以是感觉运动，是因为网球运动员所做的动作与对对方的动作和球的运动的观察有联系，而复杂是由于网球运动员的动作反应（击球）就像遇到刺激（对方的动作和球的运动）一样，不是单一形式的。

视觉速度是网球运动员反应的先决条件，网球运动员不应该根据口令来进行反应，而是要根据对有关动作所做出的快速反应来进行各种起跑、短距离冲刺、加速跑。在最初练习中，运动员往往不能预先知道什么是"动作信号"以及他应该做出的反应动作是什么。因此，想要提高网球运动员反应的准确性和速度，可通过以下方法来进行训练。

运动员做好准备姿势，预先不知道冲刺的方向。根据教练员或者其他的动作，迅速向某一方向冲刺（向前、后、左、右），每一次的冲刺方向都要根据一定的动作来判断。

从不同的位置，以不同的方法接住从预先不知道的方向抛来的球。运动员在进行各种即兴跳高和跳远时，在腾空的一瞬间接球，也是这些练习的一种。

网球比赛中运动员只有通过快速跑动、及时到位，才能回击各种来球。要想实现击球就必须进行快速的跑动，击球效果取决于跑动速度的快慢。球速越快要求跑动的速度也越快。运动员速度素质越好，神经的灵活性也就越高，对各种来球就能产生快速、协调、准确的反应。因此发展速度素质是非常重要的。

三、速度素质练习

（一）奔跑练习

1. 站立式起跑

听到信号后进行 30 米的奔跑训练。

2. 变向起跑

首先保持侧向或背向蹲立的动作，然后听到信号后马上转身，快速地跑 20~30 米。

3. 变速跑

听到信号后全速跑 30 米，后接惯性跑 40 米，再接全速跑 30 米，绕 400 米场地一周为一组，可计时进行。

4. 滑步接加速跑

侧滑步 5 米至标志线后变加速跑 20 米。

5. 上下坡跑

蹲踞式起跑，听到信号后全速沿斜坡跑道做上坡跑 30 米，接转身下坡跑 30 米，往返为一组。

6. 折回跑

在手摸到底线后，立马向前跑，当手碰到球网后，立刻调转方向朝回跑。可以进行规定时间或规定次数的练习。

（二）其他练习

1. 快速半蹲走

以最快速度做 10~20 米半蹲走，要求走时大小腿之间的夹角在 80~120 度，可采用竞赛形式计时进行。

2. 挥臂练习

按照自己的节拍、速度进行徒手挥拍练习，或通过投掷羽毛球、网球练习，强调"鞭打"动作，以提高挥臂速度。

第四节 网球运动中的作战技术

一、基本作战技术

（一）发球

发球是网球运动中具有攻击性的技术。不论网球比赛水平的高低，发球都是比赛的关键环节。发球水平的高低直接影响比赛成绩。要想掌握好发球应该注意以下几点。

发球要深。

攻击对方的反手位。

瞄准外角发球。

向对手的正面发球，使对手一时拿不定是用正手还是反手接球。

比赛中变换发球路线。

一发提高速度，二发增加旋转，以提高准确性。

（二）接发球

接发球是比赛中的重要环节，也是破发球的关键。要想掌握好接发球技术应该注意以下几点。

对付炮弹似的发球，往后站，挡，后摆要小而快。

没有威力的二发，应向网前靠近而给对手增加压力。

接较软弱的发球时应果断攻击。

站位时可稍离开该站的位置。

不要企图直接得分，以免失误。

遇到易接的发球，接完后立即上网做好准备。

接回的球应打深，以迫使对方不能攻击。

对付上网型选手应把球打回其脚下。

1. 发球者是底线型选手时的接发球

（1）平击球

发平击球时，站在稍靠近些的位置上，设法将对方逼迫在底线上，沉着冷静地打深球是较好的选择。

（2）切削球

发切削球时，注意站的位置。由于切削球弹起后能拐弯，当对方在右区发球时，防守应向边线靠近，将球打到对角线；当对方在左区发球时，应该靠中线位置站立。

（3）旋转球

发旋转球时，当来球弹得高而远时，站位应靠前一点。一是在球弹起前向前击球，二是等球降低到低点接球（上网型除外），也可以在球到高点时击球。

2. 发球者是上网型选手时的接发球

（1）平击球

发平击球时，利用对方的球速将球打到对方脚下，以便寻找时机。

（2）切削球

发切削球时，基本打法是打向对方位置。

（3）旋转球

发旋转球时，将球打到对方脚下。如果发到反手位，就抓住机会抽击进攻。

二、单打作战技术

（一）战略和战术

选手在比赛中的指导思想被称作战略，战略是一种比赛方案，它会因对手的不同而进行调整。

在比赛中常用的竞技方法就叫战术，它是将战略付诸实践的具体手段。战术可以在比赛期间持续变化，以适应对手的战略和战术，并对其进行干扰和破坏。

在比赛中，每位杰出的运动员都会运用特定的战略和战术。运动员将防御或进攻作为自己的战略指导思想时，打法是有区别的。比如，在2021年法国网球公开赛男子单打半决赛纳达尔对德约科维奇的比赛中，德约科维奇对于纳达尔来说有着较多的上网次数但是网前得分率较低,这种更具发球战术性和侵略性的被动上网发球打法给纳达尔制造了很大的精神压力[1]。

(二)战术运用

在实际网球比赛中,除了要有一定的战略外,运动员还应临场根据对手的情况灵活运用一定的战术。下面列举几个典型范例供参考。

1. 发球与截击球

这项战术通常是上网型选手所选用的。在这种情况下,运动员需要采取快速的步法,以避免对手采用超身或打空战术。这种战术适合身材高大的发球者,或者在对手擅长发斜角球的情况下使用。此战术采用侧身发球技巧,将球打在对手身体的正中央,从而阻止对手用斜角球回击。运用基本的发球和截击球结合战术,向对方空旷区域上网攻击。

2. 随球上网

在比赛中,随球上网截球也是获得分数的重要战术。运动员使用这种战术的关键在于启动步法快速,准确分辨对手的反击球,以及主动前行以进行高点击球。偏好扣球的选手在上网时适合选用该战术,他们可以自己巧妙地将弧线球打入底线内。在对手专注于迎接来球的同时,迅速向网前移动,以高截或过头击球的方式打回对手击来的弧线球,并使球落到对方的空当处。

3. 接发球上网

在接发球时,选手需要保持主动性,这种主动性要特别体现在面对对手的第二次发球上。选手明白自己怎样可以在接发球后上网是关键。在对手第二次发球不是很有力的情况下可以采用该战术。如果发现对手的第二次发球直接落在反手边的平分区,那么可以采用反拍抽击的方式将球向中线深处击出。因为在这种情况下对方打出的球弧度可能都比较小,所以可以勇敢地上网进攻,以迎击对方回球并打至对方空当处。

4. 打反弹球

运动员运用这项战术首先需要确保球的落地点在离线 30 至 50 厘米处,然后利用反弹球打败对手获取胜利。使用该战术的关键技巧是把握球的落地

---

[1] 夏威、陈景亮:《2021 年法国网球半决赛男子单打纳达尔对德约科维奇技战术分析》,《新体育》2023 年第 22 期,第 15—17 页。

点，使对手频繁往返于底线，促使其暴露出自身的破绽。待其破绽漏出后抓住机会，毫不犹豫地完成决定性的一击。反弹球战略的基本战术就是通过打对角反弹球将对手调动起来。

5. 综合打法

那些具备多种打法应对能力的选手在比赛中获胜的秘诀是他们可以尽早洞察对方的战略意图，并能够及时做出反应和调整。这种综合打法适用于反手上旋球对攻的情况。选手在进行对角球连续对攻时可以采用反手上旋球，如若观察到对方的球变浅了，可以运用削球技巧进行过渡。

在洞察到对手的直线回球路线后，可以进行快速上网。在这种情况下，绝大部分全能运动员采用的战术都是上网扣杀。

三、双打作战技术

双打是团队的配合，是业余比赛的主要项目之一。网球的双打同单打相比在体力上的要求相对较低，双打的对抗程度虽然不如单打强烈，但它具有更多的乐趣，更需要战术的配合。

在双打学习过程中，运动员应先学会怎样在双打比赛中运用日常已掌握的网球技术，并加强配合。如果组队参加比赛，没有配合，两人各自只是分别按自己最拿手的方式一味进攻，是不可能成功的。通过练习与磨合，双方相互了解各自打球的方式和习惯后，对战术的安排与运用就会变得比较容易。另外，两人互相了解对方的缺点后，再考虑该怎样利用自己的技术去与之相配合，这一点是很重要的。

（一）双打基本技术

双打技术与单打技术没有很大的区别，但由于是两个人对两个人的比赛，也还是有它独特的地方的。下面介绍双打的三种基本技术。

1. 发球—截击球

由于发球后要抢先上网，因此发球时球要抛在稍靠前的位置上，发球后直接跃向发球线。在发球线附近作短暂的停留，以判断对手的回球方向，并跨步移向来球方向，这时要注意收拍准备接球。如对手回球无力，则可以更向前占据有利的位置。截击球时可巧妙地把球打到对手的脚下，以争取在下次击球时得分。

2. 接发球——截击球

接发球后的上网击球与单打中的上网击球是一样的。不过,由于接发球是要把发过来的球打回去,因此要在身体及心理上做好相应的准备,如果能预测到球的落点,在对手向上抛球时,即可从站位上向前进1~2步,在来球落地弹跳至最高点之前打到球。这时可以不考虑随挥动作。

3. 截抢技术

截抢技术是指在本该由同伴打截击球时,自己从旁边将球抢打击回的方法。截抢时目的要明确,动作要干净利索,不能有丝毫的犹豫。截抢时向球网的中心部前进,然后沿球网运动,基本上是紧贴着球网移动。击球时球拍的挥动动作不要太大,落点以对方空当为目标。如果对方就在前面又没有空当的话,可把球打到对方的脚下。

此外,当一人在截抢球时,同伴要注意补位,双方进行相互的交替保护。

(二)双打作战要点

1. 站位

双打分为前后站位、平行站位和澳大利亚阵式站位。在发球或接发球时,每一对运动员的其中一位站在底线,另一位站在网前,两位运动员守住自己的位置,不要留出空当给对方从自己身旁进攻的机会。

2. 发球

如果自己或同伴发球,就占据了很多优势。发球和截击球首先选择网前的位置。在发球时,同伴应该站在靠近网的进攻位置上,在那里可以比较容易地接到中场的直线球和单、双区边线间的直线球。站在底线发球时,发出的球应比单打比赛中的发球更有角度,以遏制对方有角度地回球。在每一球开始时,应与同伴沟通。

3. 接发球

如果双方都有人站在网前,那么回球的准确性比回球的力量更重要。在发球后,如果对方是直接上网的话,就应该杀球回击到对方的脚下或交替地打一些有角度的球。如果发球运动员仍然停留在底线附近,回击的球要深一些,并且争取占据网前优势。在每一球开始的时候,运动员应在底线附近接球,准备向前击球。其同伴应向后退一些,准备回击下一个球。

4. 过程中

在连续对打的任何时候，站在网前的运动员要随时拦截球，从对方的较高或者较慢的落地球中，能够快速和容易地赢得一球，同时也为进攻创造了一个好的机会。运动员不要过早地移动去拦截斜线球，因为对方有可能改变计划去打单、双区之间的直线球，同伴应该在底线保护另一半场地。

如果运动员和同伴都站在网前，要保持相等的距离一起向侧移动、向后移动或向前移动。救球时同伴必须停在空开的区域内。这时对方可能打中场的进攻球来扰乱平衡。如果在打球前就商量好当出现这种球时由谁来接球，这是最好的。那么两人都在网前时，对方可能回挑高球，应示意同伴由谁来回击这个球。

5. 结束后

在比赛前、后讨论战术配合情况，让同伴知道下一次的移动方向和打法。好的双打同伴会共同分担快乐与失败，并在场上主动担负保护场地的任务。

（三）双打战略

1. 双打中的发球

提高第一次发球的成功率。

第一次发球时，应将球打到对方接球运动员的反手侧。

利用侧身发球，使回球变得困难。

稍微变化一下发球的位置。

2. 双打中的截击

快速截击要远打。

有效进攻。

连续将球打回同一个地方。

掌握更多的截击技术。

3. 双打中的接发球

注意收紧球拍。

采用半步向前的接球姿势。

使用直线球给对方造成压力。

把球回到中场以减少失误。

4. 双打中的抽击球

用抽击球回击，迫使截击者进攻。

在打了几个抽击球后，抓住时机挑高球。

不要过多地使用边角球。

打出令对方难以截击的抽击球。

第四章

网球运动中的力量训练

除了技巧,力量也是网球运动员不可缺少的素质。本章主要分析网球运动中的力量训练,包括网球运动中的基本力量训练、网球运动中的耐力训练两节。

第一节　网球运动中的基本力量训练

一、力量素质

力量素质是指身体部分肌肉在抵抗外部阻力时所展现出的能力。它可分为以下几种。

最大力量：该力量的含义是在将体重因素排除在外后，身体或身体的一部分能够克服最大阻力的能力。

相对力量：该力量的含义是将最大力量均摊到体重上后所呈现的力量。

速度力量：该力量是指能够迅速克服阻碍的能力。它是力量与速度相互融合而形成的独特力量素质。在最短时间内施展出的最大力量即爆发力。

力量耐力：指能够克服困难和挑战的持久能力。

网球运动员需要靠肌肉快速收缩来发挥力量，也就是爆发力。而在网球运动中击球的爆发力的大小取决于在击球的瞬间球拍挥动速度的快慢。

二、发展力量素质的注意事项

第一，在进行力量训练前，要充分做好准备活动，练习时注意力要集中。

第二，在进行力量训练时，应结合其他性质的练习，或与放松动作交替进行，以提高肌肉的弹性。

第三，发展力量素质应注意身体各部分要充分运动或各种动作交替进行。

在网球运动员的大多数动作中，肌肉特别紧张的情况不多。在网球运动员的训练课中，力量的练习主要是为了促进身体的协调发展。一套力量练习应该适应于各方面的要求，其中应该有增强手臂和肩部肌肉力量的练习、增强腿部肌肉力量的练习。网球运动员最好的力量练习是负有不同重物（实心球、铅球、哑铃）的练习。这些练习不仅是发展力量素质的方法，也是柔韧性的方法。在教学中部分运动员常常由于手腕力量及灵活性不达标，无法掌握正确的握拍方法或击球动作。某些女运动员不能掌握近网比赛的技术，在较大程度上也是这个缘故。因此在最初的教学训练课中，应该注意针对手腕力量和灵活性的练习。这种练习的基本形式是手持重物做各种手腕动作——向两侧和向前屈腕、绕"8"字。练习时可以利用网球拍、重的棍子、哑铃等。

要点：以挥拍的动作为练习的中心；有时也要做些其他的运动，重视全身的平衡及综合能力的发展；经常记录训练指数，了解提高的程度。

亚洲运动员与欧美运动员相比，手臂的力量不够，如果能够正确地进行力量素质训练，这个问题是可以解决的。网球场上的速度并不是绝对速度，而是移动击球的速度，这就必须依靠良好的起动力量、制动力量和反应力量，因此，我们的训练应更加重视有针对性的力量素质训练，坚持有计划、科学的长期连贯性的符合专项特点的力量素质训练。虽说是力量素质训练，但由于在网球比赛中，动作以挥拍为中心，如果没有针对性，反而容易受伤。以挥拍动作为中心，主要锻炼手臂和手腕、背部和腹部的肌肉。同时，还应通过如游泳或打篮球等运动，锻炼综合能力。

三、力量素质练习方法

（一）徒手练习

1. 手掌撑地俯卧撑

手指的向前、内向转动可以使上肢力量得到增强。

2. 手指撑地俯卧撑

手指撑地，不仅可以让手指力量得到增强，还可以使手腕力量也得到增强。

3. 靠墙站立

通过这种训练可以使肩部和臂部的力量得到增强，可以增强发球时手臂向上的力量。

4. 仰卧起坐接转体

首先仰卧双手抱头，然后快速将上半身向前弯曲，分别进行一次右臂肘关节触碰左大腿的动作和一次左臂肘关节触碰右大腿的动作。这一训练可以增强腹肌和腹外斜肌的力量，从而使运动员能够更好地在发球时的收腹转体中用力。此外该训练对其他击球动作的转体用力也有很大的帮助。

5. 仰卧两头起

训练时尽量让两只手触碰两个脚背以促进腹肌和腹外斜肌的发展。

6. 俯卧两头起

在垫子上保持俯卧姿势，然后将双臂向前伸展，双腿并拢伸直。同时抬起双臂和双腿，使身体呈背弓状，以此增强腰背部的力量。

7. 俯卧起身

在垫子上保持仰卧姿势，两只脚保持不动，快速用腰背部力量将头抬起来、胸部挺起来，尽可能加大动作幅度。

8. 单腿蹲起

以一条腿为支撑，将另一条腿抬至水平位置，进行下蹲和起立。在练习初期，可以依靠支撑物来进行动作训练，此训练有助于大腿前部肌肉的发展。

9. 各种跳的练习

单足跳、立定跳、蛙跳、纵跳、弓箭步换腿跳、立定三级跳。

（二）杠铃练习

1. 抓举、挺举

这个训练可以有效增强身体各部位的力量，同时也能增强身体的爆发力。在进行练习时，应该逐渐加大力度并收紧腰部，以预防任何可能出现的事故。

2. 推举

发展肩、臂力量。

3. 卧推

与俯卧撑发展的肌肉相同，负荷可以比俯卧撑大。

4. 负重转体

身体直立，颈后负杠铃，两足固定，先向左转体再向后转体至极限。主要增强腹内斜肌及骶棘肌的力量。

5. 负重深蹲

颈后负杠铃，挺胸收腹，下蹲慢些，蹲起时挺胸抬头，腰部保持收紧。发展大腿及臀部肌肉。

6. 负重分腿跳

保持身体挺直，将杠铃放置在颈后区域，随后做一系列快速的前后分腿跳动作。该训练着重促进小腿肌肉和屈足肌群的发展。

7. 负重提踵

站直身体,将杠铃放置在颈后区域,双脚前掌站在比较低的台阶上,然后将脚后跟尽可能地往下按,并快速抬起脚跟。该训练能增强屈足肌群的力量。

(三) 哑铃练习

1. 颈后臂屈伸

保持身体直立姿势,两只手握住哑铃,将上臂固定在头的两边,之后进行肘屈伸。在这个过程中肱三头肌和旋前圆肌可以得到很好的锻炼。

2. 仰卧头后拉

仰卧在凳子上,两足固定,两臂伸直,然后将哑铃从头后向上拉起。有助于发球时的挥拍用力。

3. 臂环绕

同时屈曲和伸展双臂,沿一个循环方向进行旋转。在这个过程中可以使前臂肌肉得到很好的锻炼。

4. 直臂上举

举起双臂,使其直立并向前或向侧方举起。在这个过程中肩带肌群能够得到很好的锻炼。

5. 仰卧侧上举

在长凳上保持仰卧姿势,双臂平伸于身体两侧,同时向上举起,肘部可以略微弯曲。在这个过程中胸部肌肉可以得到很好的锻炼,这对正手击球、发球和高压球的挥拍用力有很大的帮助。

6. 体前屈侧上举

站直,两腿分开,上半身前倾,同时抬起双臂。在这个过程中肩后肌肉和肱三头肌可以得到很好的锻炼,此项练习对反手击球的挥拍用力有很大帮助。

第二节　网球运动中的耐力训练

一、耐力素质

耐力素质是一个人在进行长时间持续运动时所表现出来的抗疲劳和延迟疲劳的能力。它是通过一系列生理和心理适应实现的，涉及多个系统和机制。

首先，耐力素质与心血管系统密切相关。心血管系统包括心脏、血管和血液，它们彼此合作将氧气和营养物质输送到身体各部分，并将二氧化碳和废物带出体外。当一个人进行长时间的运动时，心血管系统需要更加高效地工作以满足人对大量氧气和营养物质的需求，同时有效排出产生的废物。耐力训练既可以提高心脏的泵血能力和血管的弹性，又可以提高心血管系统的工作效率和耐受力。

其次，肌肉系统对耐力素质也非常重要。肌肉是运动的动力来源，而耐力则反映了肌肉的持久力和抗疲劳能力。耐力训练可以改善肌肉的纤维组成类型，增加慢肌纤维的比例，这种纤维具有更好的耐力。此外，耐力训练还可以提高肌肉的储能能力和能量利用效率，延缓疲劳的发生。

再次，呼吸系统也对耐力素质起到重要作用。通过呼吸，我们将氧气吸入身体，并将二氧化碳排出体外。在长时间运动中，呼吸系统需要更大的容量和更高的效率来满足人体对氧气的需求。耐力训练可以增大肺活量和增强呼吸肌肉的力量，进行提高呼吸系统的适应能力和耐受力。

最后，神经系统和能量代谢也对耐力素质发挥着重要的作用。经过长时间的耐力训练，神经系统可以更好地协调肌肉的运动，提高运动技巧和节奏控制能力。同时，耐力训练还可以改善能量代谢途径，促进脂肪代谢和提高糖原储存能力，延缓疲劳的产生。

二、发展耐力素质的注意事项

（一）呼吸问题

网球是一项高强度的有氧耐力运动，需要大量的氧气供应以满足肌肉活动的需求。正确的呼吸方式，能够增加肺活量和降低呼吸频率，提高供氧能力，延缓疲劳的发生，使运动员能够进行更长时间的高强度运动。

呼吸与情绪紧密相关，深呼吸能够促进神经放松。在紧张激烈的比赛中，运动员可能会面临压力，这可能会影响他们的表现。通过专注于深呼吸和保持正确的呼吸节奏，运动员可以调节情绪、保持冷静，进而保证良好的竞技状态。

呼吸对于做出良好的击球动作也非常重要。正确的呼吸可以帮助运动员更好地控制身体，提高动作的协调性和精准度。此外，在比赛中合理的呼吸控制也有助于运动员更好地应对各种战术和对手。

（二）锻炼时的强度和时间

在耐力训练中，锻炼的强度和时间是两个重要因素。锻炼的强度指训练时所施加的负荷的大小。时间则指训练的持续时间，包括每次训练的时长以及训练的频率。

适当的锻炼强度可以提高网球运动员的耐力水平。通过逐渐提高锻炼的强度，运动员的心血管系统将得到更好的锻炼，心肺功能也能得到改善。同时，适当的锻炼强度还可以增强肌肉的爆发力，提高身体耐力。

然而，过高的锻炼强度可能会导致过度疲劳并带来伤害风险。如果运动员在训练中超过自己的极限，却没有足够的恢复时间，这可能会导致身体过度疲劳、肌肉拉伤或其他运动损伤。因此，运动员合理控制锻炼强度，根据个人的身体状况和能力水平调整训练计划是非常重要的。

另外，训练的时间也会对锻炼效果产生影响。适当的训练时间可以提高身体的耐力和适应能力。然而，过度训练或频繁训练可能导致身体无法充分恢复，反而会出现相反的效果。

三、耐力素质练习方法

（一）跑步练习

1. 长跑

进行长距离的慢跑，以提高心肺耐力和基础耐力。每周进行 1 到 2 次长跑练习，时间可以逐渐延长，这有助于提高在网球比赛中持续运动的能力。

2. 断续迅速跑

通过间歇性的高强度跑步来训练，例如冲刺或快速跑，然后以较慢的速度或行走来恢复。这种高强度间歇训练可以提高耐力水平、快速反应能力和恢复速度。

3. 丘陵跑

选择起伏较大的地形进行跑步训练，可以增加对肌肉的挑战。上坡跑可以增强腿部肌肉的力量，下坡跑可以提高下肢肌肉的控制能力和稳定性。

4. 超锻炼

结合不同的跑步速度和距离，例如进行迅速的短距离冲刺、中等速度的长距离跑以及慢速的持续跑。这种有针对性的超级训练可以全面提高网球运动员的耐力水平。

（二）跳跃练习

1. 箱式跳跃

这是一种强调爆发力和协调性的跳跃训练。设置一组相连的跳箱或者障碍物，运动员从一个较低的高度开始，然后连续跳过每个障碍物。通过不断提高跳跃高度和增加障碍物的数量，可以逐渐增强网球运动员的肌肉力量。

2. 深蹲跳跃

这种跳跃练习结合了深蹲和垂直跳跃动作，以增强下肢肌肉的爆发力。在站立时，先进行深蹲，然后迅速弹起，并尽可能高地跳起来，重复进行多组跳跃（可以逐渐增加跳跃的高度和次数）。

3. 跳台训练

使用跳台进行跳跃训练，可以增强网球运动员的爆发力并提高其垂直弹跳能力。站在跳台上，然后用力蹬地跳起，尽可能高地跳过水平高度或者垂直高度标记。通过不断重复跳跃动作，可以增强腿部肌肉力量。

4. 跳绳

跳绳是一种简单而有效的跳跃练习，可以锻炼心血管系统、增强爆发力和提高协调性。通过跳绳练习，网球运动员可以提高脚踝的稳定性、增强腿部的爆发力，并提高下肢肌肉的耐力。

5. 单脚跳跃

这种跳跃练习可以提高网球运动员的平衡感和稳定性。一个脚站立，然后用力跳起，尽量高地跳起并保持平衡，然后再换另一只脚进行跳跃。通过交替进行单脚跳跃，可以提高下肢肌肉的耐力和运动员的反应能力。

在进行跳跃训练时，网球运动员应该选择适合自己水平的跳跃练习，注意正确的姿势和技术，并根据需要逐渐增加训练的难度和强度。此外，适度的休息同样重要，以避免过度训练，减少受伤的风险。最好在教练或专业人士的指导下进行跳跃训练，以确保安全和有效性。

（三）心理练习

除了身体上的训练，网球运动员还可以通过进行一些心理训练来提高耐力素质。以下是几种常用的心理训练方法，可帮助网球运动员在比赛中保持专注和提高耐力素质。

1. 注意力训练

专注是提高耐力素质的关键。运动员可以通过注意力训练来提高专注力。这包括集中注意力在比赛任务上、排除干扰并保持专注。常见的注意力训练如冥想、正念练习等。

2. 压力管理

压力是竞技体育中常见的情绪状态。网球运动员可以学习有效的压力管理技巧，例如深呼吸、积极思维、进行放松训练等，以帮助他们在高压竞赛环境下保持镇定和耐心。

3. 目标设定

设置明确的目标可以帮助网球运动员保持动力和耐力。运动员可以制定长期和短期目标，并将其分解为可量化和可实现的步骤。这有助于其保持动力、应对挑战，并稳步前进。

4. 战术思维

训练网球运动员的战术思维对于在比赛中保持耐力和灵活性至关重要。运动员可以通过与教练或战术专家合作，分析对手的策略、调整比赛策略，并适应比赛中的变化。

5. 心理预期

通过可视化和心理预期练习，网球运动员可以提高他们的耐力。运动员可以想象自己在比赛中取得成功、克服困难并保持耐力的场景，这种正面的心理预期有助于激发积极的行动。

心理训练在个体之间可能会有所不同，每位运动员都有自己的个人需求和偏好。网球运动员在进行心理训练之前应咨询专业的心理训练师或与教练密切合作，以确保选择出最适合自己的训练方法。

第五章

网球运动中技巧与力量的结合

本章将围绕网球运动中技巧与力量的结合展开分析,主要包括以下三个分析角度:击球中的技巧与力量、发球中的技巧与力量、随击球和反弹球中的技巧与力量。

第一节　击球中的技巧与力量

一、正手击球技术

正手击球技术是一项常见的击球技术，它指用拍子同侧的手对着落地的球进行击打。这是网球初学者学习的最基本的技术之一。从理论层面上讲，正手击球的动作比较深长，其击球威力强大，速度也相对较快。正手击球在比赛中被使用的机会也更多，而且正手击球可以让运动员占据更加有利的场上位置。现代网球比赛中击球的速度越来越快，许多爱好者特别担心自己的反手技术质量不过关，因此经常使用偏向反手的正手握拍方式，但这样做会导致在使用正手击球技术时过度运用手腕动作，从而使击球产生偏差和失误。以下对正手击球动作要领的介绍主要以右手握拍为例。

（一）基本技术

1. 基本技术特点

（1）特点与作用

在网球技术中，底线正手击球被视为一项至关重要的攻击技术。在进行网球比赛时，运动员在70%的比赛场次中会使用它。根据实践经验，底线正手击球相对于底线反手击球来说，使用次数更多。此外，底线正手击球的动作较为自然，这使得运动员可以进行更有力的击球，并且击球速度也更快。精通正手击球可以让运动员始终占据优势位置，增加比赛胜利的机会。

（2）准备姿势

在准备过程中，应该面向球网，双脚自然分开与肩同宽，身体要向前倾，双膝微微弯曲，注意将身体重心放在前脚掌上。同时，将球拍握在右手上，拍颈轻轻地放在左手上。球拍拍面要垂直地面，并指向对方方向，还要注意集中注意力，随时做好准备，迎击即将到来的球。

（3）转体引拍

因为底线正手击球需要更大的挥拍动作，所以要想用该技巧就需要提前进入准备状态。当对手做出正手击球动作时，要做好后摆动作的准备。将拍子向后拉，同时转动髋部和双肩，以推动拍子向后移动，并完成所需的后摆动作；也可以直接将拍子拉向后方，肘关节弯曲并微微抬起（手臂不要伸直），同时为了保持身体的平衡将左手向前伸。

（4）挥拍击球

关闭式步法和开放式步法是两种击球步法。关闭式步法要求在挥出球拍并使其向后摆动时，右脚也跟着向右转，并且在转动时保持与底线平行，而左脚则会向右前方斜迈出，左脚迈出的倾斜角度为 45 度。开放式步法要求双脚在做后摆动作时保持与底线平行，该步法需要大量运用转体动作来配合。无论是哪一种击球步法，击球前的身体重心都位于右脚。然而，在进行击球动作的时候，重心会向左脚移动。

在进行击球动作时，当拍子从后摆动作转为向前挥动时，应该保持身体向前迎球。这要借助快速而短促的腰部和髋部的扭转来实现，同时利用离心力使身体快速移动，将球拍挥出去。在这个时候，需要牢牢握住球拍并保持手腕的稳固，肘关节略微弯曲，以轴心脚侧前方为此次的击球点。左脚尖前方是关闭式步法的击球点位置。右脚侧前方是开放式步法的击球点位置。

在击球完成后，球拍继续顺着球的轨迹向上挥动，肘关节向前上方移动，身体也由侧面转向正面对网，完成转体动作。当球拍挥到左肩上方时，整套动作完成，之后准备迎接下一次击球。

2. 基本技术类型

（1）平击球

①特点与作用。不存在单一的平击球，每个击球都会带有一定程度的上旋。平直的飞行路线、落地时产生很低的弹跳、有很强的冲击力和进攻性是正拍平击球的特点。平击球技术如果能在底线对拉相持或在对攻过程中得到很好的应用，不仅对进攻很有帮助，甚至运动员还有可能直接获得此次击球的胜利。然而，由于平击球的轨迹没有弧线，因此其命中率和准确性相对较低。

②技术要点。在采用东方式或东西方混合式握拍方法时，会通过腰部扭转来带动击球动作。在放松身体的情况下，稳定掌握拍面，并使手背与前臂

的夹角为 70 度。在击球时，需要对腰部和腿部力量进行充分利用，同时集中力量快速挥动整个手臂。在击球过程中，应保持手背与前臂成 30 度角，并以球拍中部直接击出球。在发起斜线进攻时，应瞄准球的中右部进行击球；在发起直线进攻时，应将击球点集中在球的中心部位。要根据对方击球的落点变化来选择相应的步法。考虑到平击球的飞行弧线过于平直，出界或下网的风险增加，因此，在击球时应该尽量避免过度扬起球拍，而应该是以近乎平行的方式向前挥拍，从而有效地控制球的抛飞，掌控球的高度。

（2）上旋球

上旋球的产生是因为球拍向上对球进行摩擦，从而使球在飞行中产生向上的旋转。有两种上旋球抽击技术，一种是"月球"上旋球抽击法，它的特点是球进行了充分的旋转，球的轨迹是弧线形；另一种是能够控制旋转量、速度很快，并且与平击球类似的上旋球抽击法。

"月球"上旋球抽击法的特点和作用如下。

"月球"上旋球抽击法的特点是飞行轨迹呈高弧线型，有很快的下落速度，一旦落地就会弹起，这种技术对于应对对手的上网进攻非常有效，可以将对手压在底线上。目前被广泛应用于全球的网球运动中。当我们在比赛中处于不利位置或者对手发球难度较高时，可以使用"月球"上旋球抽击法。此外，使用"月球"上旋球抽击法还可以打乱对手的击球节奏，方便我们抓住时机进行进攻。

"月球"上旋球抽击法的技术要点是采用东西方混合式的握拍方法。在握拍时，应使左肩向前并扭转上体，以保持全身的协调。拍头应朝向下方，手腕进行翻转，使手背呈现一定的角度。在进行击球动作时，需要运用腰部的扭转使左肩拉开，并将右肩推出，以此来实现左右肩的相互转换，在出拍时要确保整个身体的姿态是开放的。同时，需要保持手腕和肘关节的稳定，挥拍方向是从下向上。在完成击球动作后，手腕部位不能过于刚硬，要柔软一些，在最终动作完成时球拍的位置应该在身体内侧附近。在球的正中央或稍微朝上的位置进行击球。

接近平击球的上旋球抽击法的特点与作用如下。

接近平击球的上旋抽击法的特点是球飞行轨迹较为平直，球的飞行速度比较快，具有很强的前冲力，而且球在落地后不会产生很高的弹跳。该上旋球抽击法可以直接得分的原因就是其具有很强的前冲力。这个技巧可以被用于底线对拉相持的对攻中，包括突击和侧身攻；同时在接发球抢攻和中场抽杀中也适用。

接近"平击球"的上旋球抽击法技术动作要点：该技术的握拍和准备动作与"月球"上旋球大致是一样的。挥拍路线是二者的主要区别点，前者是从后下向前上，后者是从后向前。

球反弹到最高点或开始下降之前这两个时期是该技术的击球时间。此时，应该在球的中央或稍微偏上的位置进行击球。发力主要朝向前方，稍微有一点向上的倾斜。为了打旋球，需要在挥拍时自然地利用腰部扭动的姿势，所以采用开放式的准备姿势会更有利。因为在进行关闭式击球时，需要用前脚（左脚）来配合来球的落点；在进行开放式击球时，要注意后脚与球的配合。一旦确定轴心脚的位置，就不能再前迈一步，因此需要一开始就将轴心脚放在接近踏出位置的地方，这是非常关键的。在进行开放式击球时，应该保持后膝略微弯曲，并在击球结束后将重心转移到左脚上。

（3）下旋球

①特点与作用。在正式比赛中，使用正拍打下旋球的情况并不多见。通常在应对对方大力发球或对方的第2次发球上网时，以及在随击球上网时，运用正拍下旋球（推切球）技巧，该技巧能够打出在对方球落地后反弹期间进行反击的回球，因此，回球速度可以更快。此外，还可以调整比赛节奏，让对手没有充足的时间去准备连续回击，以便争取己方的主动。

②技术要点。要尽早做好对于来球的判断，在球落地弹起后的上升阶段迎击球。该技术的后摆动作轻盈流畅，与网前正拍截击动作的拉拍有很大的相似之处，拍面微微打开，然后随同球拍的挥动而向前移动，最终在击球的那一刻，拍面几乎与地面垂直。在身体侧前方将球击出，身体的重心会随着挥拍动作而向前移动，在这个过程中步伐也要随之跟进。如果对方发出1颗上旋球，球跳得很高，那么需要拍击球的中间部位，向前推球并向下施加力量。如果对方的球是下旋球并且弹跳得很低，那么应该使用球拍击打球的中下部，向前推球并略微向上推送。

（4）正拍侧身攻技术

①特点与作用。该技术需要运用更高难度的步法和重心转移技巧，因此比起底线正拍抽击球来说更加困难。要求运动员在发球时善用腰部发力，同时要有更大的脚步移动范围。速度快、力量强、攻势凶猛是正拍侧身攻技术

的主要特点。运动员在比赛中使用侧身攻击技术的频率，很大程度上反映了他们的进攻能力。这一点在那些主要依赖底线进攻策略的运动员身上表现得尤为明显。

正拍侧身攻技术的内容和动作要点与底线正拍抽击球类似，以下列举几种其应用方式。双方处于相持状态时的侧身攻。在底线对拉的情况下，运动员通常会采取侧身攻击的方式，以摆脱相持状况取得主动权。正拍侧身攻技术还可用在经过正反拍发力抽击后，对手的回球中出现了机会球；对手第一次发球出现了失误，然后开始进行第2次发球等情况下。当自己站在底线中线的左侧，而对方回球又突然起高的时候应该用正拍侧身攻技术。

②技术要点。准确判断来球，以正手握拍和底线正拍抽击球为基础。提高步伐移动能力，不但要移动到击球位，还要迅速调整好球与身体的距离。发力时重心由右脚迅速转向左脚，腰部发力并带动手臂，此时步法应以开放式为好，挥拍应随着球击出的方向而去。

（二）正手击球技术重难点

动作要素包括身体姿势、动作轨迹、动作时间、动作速度、动作速率、动作力量六个方面。现从动作的各个要素出发对正手击球技术重难点进行解析（以右手持拍为例），旨在帮助初学者明确动作概念，促进其对该技术的掌握。

1. 身体姿势

在正手击球技术中主要表现在准备姿势、击球时来球与人的位置关系，以及击球过程中侧身迎击来球上。准备姿势主要表现在两个方面：一是集中注意力判断来球的位置，便于移动；二是保持身体的平衡，便于击球。找准合理的击球点主要体现在击球时处理好来球与人的位置关系。球场上来球的方向、速度和落点是各不相同的，首先需要对各种来球在落点、方向、速度和反弹高度方面做出准确的判断，在击球时使来球保持在体侧前方约一手臂远的位置上。在击球过程中，身体的姿势主要表现为两脚并排站立，侧身迎击来球，依靠前后脚移动重心，即用身体的力量打球。保持侧身迎击来球的前提是早一点判断来球的落点、迅速移动、提前引拍、准备击球。在这个过程中容易犯的错误有击球点靠后、身体后倾、打完球后退、左肩高而右肩低等。克服办法是利用左手指向来球来调整身体的平衡，还可以将左手作为一种对球的参照物，用来预测球与身体的距离关系，从而决定何时向前挥拍击球。

2. 动作轨迹

在正手击球技术中主要表现在后摆引拍和挥拍击球的路线与方向上。在向后引拍时，持拍手臂要夹紧于腋下，随身体的转动而自然、短促地向后引拍，引拍的路线是直线向后。在击上旋球时引拍结束的位置要稍低于来球，在击下旋球时引拍结束的位置要稍高于来球。在挥拍击球时，要保证击出球后动作的完整性，用手掌向前推出球拍，并顺势向击球方向推进，击完球后将球拍挥到左前上方，用左手扶住拍颈，右臂贴近下颌，重心全部落在前脚上。由于击球时球与球拍接触的时间极短，接触的过程几乎就是一个碰撞的过程，因此必须注重在球与球拍接触的瞬间球拍与地面的角度。正确的击球必须"迎上去"，即提前挥拍，沿来球的轨迹挥出去，使拍与球在自己的身体前方相碰。拍是在做直线运动中与球相碰撞的，它与球的运动轨迹几乎在同一条直线上。

3. 动作时间

一个完整的击球动作包括预判来球、移动、挥拍击球、击球后的回动。初学者的问题主要表现在对来球判断不准，移动困难，加上整个挥拍动作不连贯，往往来不及向后引拍，球已飞至击球点。这个环节可以使初学者先练习用手抓来球提高判断能力，再进行移动挥拍练习，值得强调的是一定要边移动边引拍。

4. 动作速度

在正手击球过程中，来球的方向与挥拍击球的方向是相反的，两者做相向运动。如果等来球飞至击球点时才开始挥拍击球，则球拍与来球的实际接触点会落后于最佳击球点，造成发力困难，因此要掌握合理的击球时机，稍提前于击球点挥拍击球。另外，移动速度是能否快速移动到有利击球位置的关键，而挥拍的速度会直接影响击球的速度，特别是在提拉上旋球和切削下旋球时表现得更为明显。

5. 动作速率

在正手击球过程中主要表现在移动和击球动作上。移动主要体现在从判断来球开始，快速启动，通过正手击球步法移动到合理位置，然后到击球后的快速回位上。在击球动作中移动主要体现在从击球的准备姿势到完成击球的整个过程，最后回到击球前的准备姿势上。初学者容易出现的错误主要体现在忽略了移动后的快速回位和击完球后不能紧接着做下一次击球的准备姿势上。

6. 动作力量

在正手击球技术中，主要体现在蹬地转髋转肩的力量以及各个关节链依次协调一致的发力上。初学者首先要明确击球的力量主要来自蹬地转髋转肩，而不是全靠收小臂和手腕。其次是如何理解握拍手腕用力程度，易犯的错误主要表现在握拍的手腕用力不当，待球时手腕过度紧张，而在击球的关键时刻手腕却松弛了，无法控制拍面。实际上，握拍的手腕在整个引拍、挥拍的过程中，只有击球的瞬间是用力、紧张的，其他时间都应该处在放松的状态，运动员抓着球拍如同握住一只小鸟。

网球初学者做正手击球技术动作的重难点主要体现在对拍面角度的控制、对击球点的掌握，以及对挥拍的轨迹的了解三个方面。为帮助其学习，首先应建立明确的动作概念，帮助初学者理解各个动作要素，在头脑中形成初步印象。其次对其进行球性的练习，特别是让其了解球的弹性和对球点的判断的练习。最后还应加强对身体的姿势以及挥拍轨迹的练习，重点环节应该是掌握挥拍的路线和击球时球拍与地面的倾斜角度。

（三）正手击球要领

1. 准备状态

（1）技巧

面对球网，双脚向前自然分开与肩同宽，双膝微屈，身体略向前倾，重心落在双脚的前脚掌上，右手握拍，左手轻托拍颈，双肘微屈，球拍舒适地放在身前，拍面垂直于地面，拍头指向对方，两眼注视对方来球，做好击球准备。

（2）力量

将身体重心从后脚掌转移到前脚掌上，以增加击球的力量，随着击球的进行，逐渐向前移动重心，以更好地支撑击球动作。随着击球动作的展开，臀部、躯干和肩膀一起旋转，使力量从下半身传递到上半身。

2. 后摆引球

（1）技巧

当判断来球需用正拍回击时，转动双脚，左脚跟抬起并向右倾，前方上步，右脚向右转90度与底线平行，同时转肩转髋带动右手向后摆动引拍，引拍时肘部弯曲、自然下垂，拍头低于膝盖，左手伸向前方，保持身体平衡，后摆引拍时身体重心移向右脚，左肩对着右侧的网柱，手腕固定，挥拍转动约180度，拍头指向后挡网。

（2）力量

随着左脚的上步和右肩的转动，肩膀和髋部也会转向回击的方向。这种转动可以带动上臂和拍头后摆，蓄积力量。运动员应利用上臂和手——通过伸展和挥动上臂和手，将蓄积的力量传递到球拍上。在后摆引球时，右手应该向后摆动，与球拍一起向后拉，以增加击球力量。

发力不仅仅是某个部位的动作，而是整个身体各部分的协调配合。在后摆引球时，运动员必须保持动作的流畅和顺畅，将力量从下半身逐渐传递到上半身，并最终通过手臂和球拍释放出去。

3. 击球动作（前挥击球）

（1）技巧

从后摆进而向前挥动时紧握球拍，手腕后伸、固定，用力蹬脚，转动身体，挥拍，正拍的击球点在身体的右侧前方不超过腰的高度，击球时的挥拍速度最快，球打在拍面的中心，在击球挥拍时，臂部自上而下挥动使球稍带上旋。

（2）力量

利用腰部和臀部的旋转来产生力量，随着击球动作的展开，臀部、躯干和肩膀一起旋转，使力量从下半身传递到上半身。通过伸展和挥动手臂，将蓄积的力量传递到球拍上。在击球时，手臂伸直并迅速挥动，以释放被蓄积的力量。此外，需要灵活运用腕力，帮助控制击球的力度和方向。

4. 随挥跟进动作

当球触拍后，使拍面平行于网的时间尽量长些，沿着球飞行的方向挥拍前送，重心前移落在左脚，身体也随着转向球网，挥拍动作在左肩上方结束，拍头指向上方高出头部。随挥跟进动作要比后摆动作大而充分，保证击球的稳定性，随挥跟进结束，立即恢复准备姿势，准备下一次击球。

辛吉斯正手击球引拍动作球拍位置较高，上半身转向球场侧面的挡网。采用这样的姿势，身体会自然地扭转90度，形成后摆动作。这个动作姿态采用开立姿势，如果上半身不旋转就不能很好地发力击球。左手抬起指向对方运动员，这个动作使上半身自动地扭转。还有一点需要注意的是右臂的肘部几乎是 90 度弯曲向后挥动。最后要强调的是为了加快球拍挥动速度，尽可能距离身体近一些挥动球拍，这样效果会更好，膝关节随之自然放松、适度弯曲。

许多职业运动员正手击球的共同点是引拍动作非常有利于挥击。利用身体旋转挥拍，可以使挥拍自然加速。打上旋球时越发力击球越容易产生正旋转，球落地反弹高度低，直接向前冲向对方场地。为了打出上旋的反弹球，弧形引拍摆动最为有利。想要打出上旋球，球拍挥动在击球前后必须向上。由于引拍动作做的是圆周运动，球拍会从较低的位置结束后引，而后向前上方挥出，因此会自然而然地打出上旋球来。采用弧形引拍动作能够使球拍自然地加速，在击球瞬间具有很快的速度；然而直线挥动在引拍时一旦停止，必须以屈体加速向前挥动来使球拍加速，想要加快击球速度非常难。

也就是说，如果想要使击球时的速度提高，随挥动作应尽可能做得大一些。在确定了击球的瞬间，向哪个方向做随挥动作都可以，球已经离开球拍，球拍对球的行进方向已经没有任何作用了。

正手击球的力量来自屈膝蹬地，为了能够使力量传达到上半身，膝关节应该有适度的弯曲。从引拍动作到向前挥拍移动，都要依靠膝关节的蹬伸，如此力量才能有效地传达到上半身。此外，可以边引拍边坐在凳子上，挥拍的同时站立起来，反复练习多次。如果可能，最好将意识集中在膝关节的动作上，同时做出挥臂动作，这样效果更佳。膝关节的弯曲不仅可以将从地面得到的力量有效地传达到球拍的前端，而且在引拍时球拍的高度处于低于球的位置，能够打出漂亮的上旋球。在正手击球时，请务必严格执行屈膝移动的动作。

二、反手击球技术

（一）基本动作

1. 准备

同正手击球。在准备时，面对球网，两脚分开与肩同宽，身体前倾，双膝微屈，重心落在前脚掌上，右手握拍，左手轻托拍颈，拍面垂直于地面并指向对方，注意力集中，准备迎击来球。

2. 拉拍转体

待球过网，双手持拍向左转体，至球拍指向球场后挡网，拍头低于手腕，同时右脚上步至左脚左前方，身体几乎背对球网。

3. 击球随挥

双手分离，右手挥拍向前运动，注意拍面垂直于地面，击球点选在身体左前方。

击球后继续向斜上方挥拍，停止于右肩上方，拍面向天。

注意：挥拍线路是一条下弧线，击球瞬间手腕不要翻动，背对球网。

（二）反手击球要领

打反手和打正手的要点不同。反手击球的击球点更靠近球网，两者相差大概有一个肩宽的距离，也就是说，反手球如果不早一些引拍，就很难打到正确的击球点。在采用东方式反手握法时，如果不是在靠近球网的一侧的身体前方约 30 厘米击球，手腕所处的位置就会使动作受到限制，所以尽可能在身体前面击球，这可以最大限度地展现东方式握拍法反手击球的特点。当然，在使用双手打反手球时，击球的位置与单手反手球比较，会稍有改变。

在反手击球中，手背通常面向上方。与正手击球相比，这种手背朝上的姿势会导致在击球时使用的手部肌肉不同。反手击球更多地依靠手腕和前臂肌肉，正手击球更多使用的是上臂和胸部肌肉。

由于击球的角度和姿势不同，反手击球通常需要幅度更大的身体旋转，选手需要通过扭动躯干和臀部的方式来产生更大的力量。这种身体的旋转运动有助于增加球的威力。

单手打反手球的运动员击球后可能采用较大的随挥动作，这和正手击球采用大幅度引拍动作完全相同。单手打反手球时，大的随挥动作不可能受到阻碍，因此，尤其是单手打反手球的运动员，要尽可能向击球方向做较大的随挥动作。在后挥引拍阶段，屈膝降低重心，在向前挥击时边蹬伸膝关节边向斜上方大幅度挥摆球拍。如同正手击球那样，随挥动作的幅度和球撞击球拍的力度成正比。

用双手打反手球时，基本上使用哪种握拍法都可以击球。当然，右手为正手的运动员的握法是左手在上，右手在下，建议左手按东方式正手握法握拍，而右手由东方式正手握法转换为东方式反手握法握拍。理由之一是如果右手使用东方式正手握法不变，因肘臂的限制球拍面会不稳定。理由之二是如果由双手变为单手击球，不用再变化握法就能够击球，非常方便。此外，这种握法避免了球拍的旋转，比较适合打出上旋球，这也可以说是这种握法的优点。最重要的是，在用双手反手击球的时候左手更起作用，也就是说右手为正手的运动员在使用双手击反手球时左手成为主导，加大随挥动作能向对方场地打出漂亮的击球。

使用双手反手击球必须注意双手反手击球的挥拍范围小这一特点。在职业比赛中，双手反手握拍的运动员当被对手凌厉攻击时，有时也采用单手击球。在移动中身体姿势不能够完全到位的情况下，采用单手打反手球比双手更有利。但是，在身体做好准备时，不能说双手反手击球比单手反手击球有劣势。因此双手反手握拍的运动员必须快速移动，使自己经常处在最佳位置。

在移动中，击球对于双手反手握拍的运动员也是有利的。单手反手击球运动员，如果右脚没有到位，就不能取得很好的击球位置。但是，双手反手击球的运动员在这种情况下，可以以开立的姿势轻松地将球击出。双手击球的优点是只要上身侧转就可以把球击回对方，即使是开立的姿势也可以将球轻松地击回对方，但是双手击球必须时常取得有利的击球位置，双手反手击球在这一点上可以算作不利因素，而反过来说，也会促使双手反手击球更加成熟。

和单手打反手球不同，双手握拍时因为左手不能向前方大幅度地做随挥动作，所以，可以采用阿加西那样的大幅度随挥动作，随势自然挥拍到头部的另一侧。当球离开球拍的瞬间，随挥动作虽然对击球本身没有任何意义，但随挥动作的大小，显示了击球力量的大小。

（三）反手击球的优势

反手击球比正手击球容易，其原因之一是后挥引拍动作稳定。因为正手击球必须用单手后挥引拍，后挥引拍动作无论怎样也不容易稳定。打反手时却不同，即使是用单手打反手也会以另一只手扶在拍颈上，拍面比较稳定。后挥引拍动作有利于发力，从这一点上讲，反手击球也是有利的。其原因是在打反手时受身体动作的影响，后挥引拍动作几乎不可能很大。与反手相比，正手击球后挥引拍时，球拍后面没有任何阻碍，后挥引拍动作想做多大就做多大，后挥引拍动作越大，击球距离越大，击球动作误差也越大。也就是说，反手击球能够发挥引拍力量，运动员只要能够抓住感觉就能够打出稳定的球。

单手打反手球的后挥引拍动作应当自然有力地挥动，为了使击球有力，运动员必须使用上身转体动作，右脚大步向前跨，以身体背部对着对方队员。在单手反手击球时，以左手扶握球拍的颈部，形成有力的后挥引拍，右脚大步向前跨，保证身体完成稳定的转体动作，运用身体转动之势可以使反手击球更加有力。

第二节　发球中的技巧与力量

一、发球动作要领

（一）握拍法

大陆式握拍法是由拇指与食指形成的"V"形虎口放在拍把手的上平面与左上斜面的交界线上，手掌根部贴住上平面，与拍底平面对齐。食指与其余三根手指稍分开，食指点下关节紧贴在右上斜面上。由于大陆式握拍法在正、反手击球时球拍不用转动，反而在上网截击时，或在来不及判断该用正手或反手击球时使用比较方便。

东方式反拍握拍法以食指的指跟和小鱼际底部为定位点，左手的食指指跟和小鱼际底部呈一直线握在拍柄的第 7 面上，右手食指指跟握在拍柄的第 1 面上，小鱼际底部握在拍柄的第 8 面上。击球时球拍远离身体、两手臂伸直、两臂与肩膀成三角形。击球时多以平击球为主，速度快、力量大，可打出致命的反手直线球。但双手反拍的击球方式对身体素质要求较高，是男选手的首选。

（二）准备要点

全身放松，侧身站立在端线外中场标记旁边（单打），左肩对着左边网柱，面向右边网柱，两脚分开约同肩宽，左脚与端线约成 45 度，右脚与端线平行，重心在左脚上。左手持球轻托球拍在腰部，拍头指向前方。呼吸均匀，注意力集中。

（三）抛球与后摆引拍

抛球与后摆引拍动作是同步开始的，持球手拇指、食指和中指三指轻轻托住球，掌心向上。当向下向后引拍时，待球手同时下降至右腿处，紧接着当球拍从身后向头上方做大弧度摆动，身体做转体、屈膝、展肩时，持球手柔和地在左脚前上举至头顶。抛球动作要协调、平稳，球被送至最高点时将其抛向空中。此时右肘向后外展约同肩高，拍头指向天空，左侧腰、胯成弓形，身体重心随着抛球先移向右脚，然后平稳地开始前移。此刻，肩与球网成直角。

（四）击球动作

当左手抛出球时，球拍继续向上摆起，这时握拍手的肘关节放松，可以自动地使手臂产生一个完美的圈。当球下降至击球点时，迅速向上挥拍击球，左脚上蹬，手臂和身体充分伸展，当身体向前上方伸展击球时，肩、手臂已经回转，双肩与球网平行。在挥拍击球时，持拍手腕带动小臂有一个旋内的"鞭打"动作，这就是发球发力的关键动作，也是为其他诸如蹬腿、转体、挥拍等动作提供力量的动作。

（五）随挥动作

在球发出后，身体向场内倾斜，保持连续完整的向前上方伸展的随挥动作。球拍挥至身体的左侧（美式旋转发球球拍随挥至身体的右侧），重心移向前方，身体做到完全自然地跟进并保持平衡。

二、发球的分类

发球基本分为三种：平击发球、切削发球和上旋发球。

（一）平击发球

平击发球是在诸种发球中球速最快的发球法，也叫炮弹式发球。该发球法不但球速快，而且反弹低。如果运动员身材高大就可以借助高点击球的空中优势直接向对方进攻；若身材较矮小或是女选手就不宜使用平击发球。这种发球虽然力量大、球速快、威力大，但命中率比较低。

平击发球的击球点应在右前上方，以拍面中心平直对准球，击球的后中上部。因此，手腕的向前抖甩和前臂的"旋内鞭打"非常重要，身体要充分向上向前伸展，以获得最高击球点，提高发球命中率。

（二）切削发球

切削发球是一种以右侧旋转（略带下旋）为主的发球法，就是由球的右上往左下切削击球。该发球法不但球速快、威力大，而且有较高的命中率，为此被世界各国多数运动员采纳。在发球时把球抛到右侧斜上方，球拍快速从右侧中上方至左下方挥动，击球部位在球的中部偏右侧，使球产生右侧旋转。

（三）上旋发球

上旋发球是一种以上旋为主、侧旋为辅的发球法。在上旋发球中，球的上旋成分多于切削发球，这使球产生一个明显的从上向下的弧形飞行轨迹，发力越强，旋转成分越多，弧形就越大，命中率越高。球在落地后高反弹到对方的左侧，迫使对方离位接球，这会给对方带来很大压力，同时为己方发球上网带来足够的时间。

上旋发球应把球抛到头后偏左的位置，击球时身体尽量后仰成弓形，利用杠杆力量对球施加旋转力，球拍快速从左向右上方挥动，从下向上擦击球的背面，并向右带出，使球产生右侧上旋。

三、发球技巧辨析

（一）发球的四大要素

发球也是一项有一定难度的技术。其实，发球困难的原因在于练习的方法不得要领。发球有四大要素，分别是平衡、节奏、抛球和明确的意图。无论在哪一点产生失误，都会导致一连串的技术错误。同样，四个要素中任何一个环节的提高也都会提高发球中整体动作的连贯性和发球的威力。

1. 平衡

双脚基本与肩同宽，这是使身体获得稳定的基础，也是良好平衡的开端。接下来，适当地转动上身，使发球的其他环节（诸如抛球和挥拍）能被更有效地完成。如果在抛球的过程中移动脚步,就会打破平衡,这会导致发球的其他环节不能被顺利完成,发球的线路也不稳定。

2. 节奏

节奏是发球动作各个环节能够统一流畅完成的保障。如果发球动作是脱节、机械的,身体的动力就会中断,动作也缺乏节奏感和连贯性。

节奏练习可简单记为"发球 123",当发球动作开始时喊"1",当抛球时喊"2",当拍子触球时喊"3"。这些数字并没有什么实际意义,只是代表了动作应有的时间点。反复练习几次后,就能更好地掌握节奏。

3. 抛球

提高球感可以极大提高发球时抛球的准确性和连贯性。许多运动员没有意识到正是他们把球抛到了不合适的位置才使发球能力受限。当然,很难确切说明究竟哪个抛球位置是正确的,实际上,正确抛球的一个要点就是不要把球抛得太高。为了找到合适的抛球位置,不妨将拍面尽可能高地向上举,然后把抛球手臂也尽可能高地向上举。其实,球只要被抛到拍框以上 8~13 厘米的位置就可以了。

4. 明确的意图

发球中最重要的主观因素就是在头脑中有一个明确的意图——究竟希望如何击球:平击、削球还是大力击球,希望球的落点是哪里。常犯的错误是还没向场地里看一眼就走到发球线前发球了。另外,有的人还会过分关注一些特别的技术暗示,如"猛转手腕"或"随挥",但这些恰恰都是发球之后才需要注意的。明确自己的意图能够使注意力集中,并且可以使动作更到位。

发球与接发球在网球比赛中是具有特殊意义的。击落地球技术能提高运动员在底线与对手相持、周旋的本领;逼近网前及网前的凌空截击技术能有效地破坏对方的防线,使对方被动。但是如果不具备发球与接发球的技术,那么将永远被隔绝于真正的网球比赛之外,永远只能是个比赛的旁观者。相对于底线击落地球和凌空截击而言,发球是一项比较难掌握的技术,因为发球时动员的身体部位较多,动作幅度较大,需要肌肉有较高的协调程度。尽管如此,学好发球也并非特别困难,因为发球的主动权绝对掌握在发球者自己手里,无论抛球还是挥拍击球都完全由自己来控制,发球者所要做的只是为自己创造最佳的条件并按照自己的意图将球发出。就这一点来说,发球要比打底线或上网主动得多,难度也小得多。在高水平比赛中,运动员保住自己的发球局是赢取胜利的关键和基础，在此基础上再破掉对方的发球局可最终大获全胜。

（二）发球预备项

1. 稳定情绪

心浮气躁是很难发出一个好球的。通常的做法是在发球的位置上做几次深呼吸，再拍拍球，然后站定，准备发球。每个人的习惯不同，因而稳定情绪的做法也各有不同。

2. 准备动作

众所周知，发球要发在对角的发球区内才算好球。运动员在发球之前对球出手后的方向、落点、旋转、速度等都应做个打算，盲目发球无疑是在浪费先发制人的好机会。发球前双脚自然分开站立，两脚的连线根据运动员的习惯可与底线相垂直，也可以保持另外一个合适的角度；身体自然前倾；最好只持一个球，球自然落在持球手拇指、食指及中指三指上，无名指和小指自然屈于球的后部，切忌用力将球握在手里或捏在手里。另外，许多初学者喜欢拿起球、拍，走到发球位置后就开始抛球并挥拍击球，仿佛球和拍是不相关的两样东西，这显然是很草率的。球、拍相合不仅能够给运动员一个集中注意力的提示，告诉自己"我要发球了"，同时也是稳定情绪和整理思路的延续，初学者应该养成此习惯。

3. 抛球

准备动作稳定下来以后，就是抛球及挥拍击球了。这两个环节能否配合得好是能否发好球的关键，而抛球的质量则又是关键的关键。位置得当、出手平稳的抛球无异于为挥拍击球创造了稳定的条件，反之则无异于给下面一系列环节制造了一个动荡的外部环境。很少有人能在前后左右飘忽不定的抛球下发出保质保量的球，初学者更是如此，所以学发球的第一步是先学抛球、先练抛球。

（1）抛球的方法

在准备动作的基础上，持球手的肘部渐渐伸直并向下靠近持球手同侧的大腿，然后从腿侧自下而上将球抛起。在整个动作过程中，手臂保持伸直的状态，其走势与地面垂直，掌心向上，以拇指、食指、中指三指将球平稳托起，尽量避免勾指、甩手腕等多余的手部小动作，以免影响球的平稳走势，球在空中的旋转越少越好。球脱手的最佳点在手掌走势的最高点，脱手过早容易造成球在空中旋转或晃动，出手过晚则会令球"走"向脑后失去控制。脱手时托球的三手指已最大限度地展开，球不是被"扔"到空中而是被"抛送"到空中，初学者应对此多做体验。

（2）球脱手后在空中的位置

根据不同的需要，球出手后在空中相对于身体的前后位置也不尽相同。一般来说，第一发球强调出球的速度与攻击力，击球点较靠前，因此球也被抛得较靠前。第二发球较为保守，在保证成功率的前提下强调球的旋转和控制球的落点，击球点也就相应后移，因此球自然要被抛得靠后一些，基本上与背弓时身体的纵轴线相一致。抛球的位置也可参照球落地后相对于前脚的位置来确定。通常在第一发球抛球后球应落于前脚前一个拍头的位置上。

（3）抛球的高度

球抛到空中的高度当然不能低于击球点的高度，但究竟多高才合适，要视个人情况而定，因为此高度决定了挥拍击球所用的时间。从准备姿势到抛球出手，身体重心还有个后靠至后脚再前移至前脚的过程，同时髋部前顶、腰背呈背弓状，然后反弹背弓并发力挥拍击球。因为抛球的稳定性建立在一定的手感基础之上，所以一般在学发球动作之前最好能专门花一点时间练习抛球。

（三）挥拍击球

抛球与挥拍击球是同时进行的。挥拍击球的环节如下。

1. 后摆球拍

以准备姿势为基础向持拍手一侧转身，同时持拍手引导球拍贴近身体，持拍手像钟摆一样将球拍摆至体后（不一定要直臂后摆，但掌心一定要朝向身体）。一发抛球，球的位置较靠前，二发抛球，球的位置较靠后。

2. 背弓动作

球拍后摆至一定高度后（此高度因个人习惯而异，至少大臂不应紧夹在体侧），以肘为轴，小臂、手、拍头依次向体后、背部下吊，同时屈双膝并伴随身体后仰呈弓状。

3. 击球

在屈膝、背弓动作的基础上自下而上依次蹬直踝部、膝部，反弹背弓并向出球方向转体，与此同时仍以肘为轴带动手、拍头摆向击球点，最后在力的爆发点上击中抛送于空中的球。发力是自下而上一气呵成的，其间的快慢由个人掌握，习惯、素质不同，速度也就不一样，但共同的一点是球拍走势最快、最具爆发力的一点应在到达击球点那一瞬间。此时身体已全部面向出球方向，拍面自然地稍向内侧以便击中球的侧后部，发出侧上旋球或侧旋球。

4. 搔背动作

在挥拍击球时肘部有一个引导小臂、球拍下吊至背后再以肘部为轴带动臂、拍摆向击球点的过程。这一过程好像在用拍头给后背挠痒，故被称为"搔背动作"，其目的是持拍手能有一个足够的获得摆动速度的过程，为到达击球点一瞬间力的爆发做充分的准备。搔背动作完成得是否到位关键要看搔背时手、臂是否得到了充分的放松，如果在手、臂十分僵硬的情况下完成此动作，那么到达击球点时运动员一定会感到整个身体的弹性都已被破坏掉了，发不出力也就在情理之中。一发抛球后，球落于前脚前一个拍头的位置。

5. 击球点的位置

运动员手持球拍在空中所能争取到的最高点就是击球点。因为根据第一发球和第二发球的不同需要，击球点是相应要有前后变动的，但"力争高点"是在选择击球点时最基本的原则。有了"制高点"，不仅动作可以被最大限度地舒展地做出来，更重要的是在控制球路和球的落点以及对球施加压力上，高点击球有着显而易见的优势。许多选手希望自己发出的球个个威力无比，所以在击球时就不自觉地想将球大力强压过网，平击无形中也便占了主导。若想将球平击发过网并令其落在发球区内，击球点至少要达到2.74米的高度，也就是说击球者的身高至少要达到1.8米的高度，但掺杂进技术的成分，这个高度就很难真正体现到发球当中去了。所以，发球者最好不要在发球时太苛求平击平打，多加些侧、上旋是比较明智的，因为这样可以让球走一个弧形轨迹，利用弧顶的高度达到过网的目的，再利用余下半段的弧线令球落入发球区，这样可以大大提高发球的成功率。

击中球时虽然挥拍击球动作已完成，但整个发球过程仍在继续。到达击球点后运动员应顺着身体及挥拍的惯性做收腹、转肩和收拍的动作，最终拍子由大臂带动收向持拍手的异侧体侧，结束发球动作。这一过程被称为随挥，即随球挥动，与底线击球的随挥异曲同工。很多初学者习惯将拍子收于持拍手同侧的体侧，这不仅有违于发力、转体的惯性，更多的情况是击球者很容易将拍头敲在自己的小腿胫骨上，从而造成伤痛。非持拍手在送球脱手后不应立即放下或紧夹于体侧，而应帮助身体掌握平衡并在随挥结束时接住已处于末势的球拍。

四、发球力量要求

（一）上身力量

1. 生成球的初速度

可以通过加快球拍和臂部的运动来提高球的初速度。强大的上身力量能够帮助运动员更快地挥动手臂，从而将更多的力量传递到球拍上，使球以更高的速度离开球拍。

2. 影响球的弹道

除了影响速度，上身力量也会影响球的弹道。通过对上身力量的正确应用，运动员可以在球拍接触球时使球产生更多的旋转，使球具有更大的下降角度和更远的曲线路径，从而向对手施加压力。

3. 提高稳定性和平衡力

良好的上身力量可以提高身体的稳定性和平衡力，尤其是在发球过程中需要迅速移动身体重心的情况下。强壮的肩背肌肉可以保持上半身的稳定性，使发球动作更加准确。

4. 防止伤害

发球动作对肩膀和背部肌肉的需求较高。通过增强相关肌肉群的力量，可以减轻这些部位的负担，减少受伤的风险。

（二）下肢力量

发球时，下肢也发挥着重要的作用。强健的腿部肌肉可以帮助运动员产生更大的爆发力，并将身体重心向前转移，从而增加发球的威力。

1. 产生爆发力

大腿、小腿和臀部肌肉是人体中最强大和最强壮的肌肉群。强健的下肢肌肉可以帮助运动员产生更强的爆发力，将身体向前推动，并向球拍传递更多的能量。

2. 改变身体重心

发球时，运动员需要将身体重心从后向前移，以确保发球的平衡性和稳定性。强大的下肢力量，特别是腿部肌肉，能够帮助运动员迅速转移身体重心，并在发球过程中始终保持稳定。

3. 提高抗压能力

发球过程中，下肢承受着来自地面反作用力的压力。强壮的下肢肌肉可以帮助球员吸收这些力量，减轻其对膝盖和其他关节的冲击，降低受伤的风险。

4. 提高推力和迈步能力

发球时，通过强有力的下肢推力，球员可以更快地迈开脚步，迅速移动到球场的合适位置。这对于调整发球位置、保持平衡和采取合适的发球姿势至关重要。

（三）核心肌肉群力量

核心肌肉群包括腹肌、背肌和髂腰肌等，是保持身体平衡和稳定的关键。良好的核心肌肉群可以提供更大的爆发力，并使发球动作更加流畅和准确。

1. 保持身体姿势

网球发球要求身体前倾，同时保持臀部和肩部处于同一水平线上，这意味着运动员需要对腹肌和髂腰肌等核心肌肉群进行训练，以保持这种特殊的身体姿势。

2. 改进旋转动作

在完成完整的发球动作的过程中，身体需要旋转。良好的核心肌肉群能使身体更加自如地旋转，从而完成更为完美的发球动作。

3. 提高力量传递效率

通过各个核心肌肉的协同作用，力量可以更快地从腿部传递到上身，然后再传递到球拍上。这样可以增加发球的力量和稳定性，从而增加球员的胜算。

（四）手腕力量

手腕是发球的关键部位，它通过灵活的运动带动球的旋转和提升球的速度。因此，手腕的力量和灵活性对于强有力的发球非常重要。

1. 控制球拍

手腕力量对于控制球拍的姿势和角度非常关键。通过强大的手腕力量，球员可以更好地掌握球拍，并使其保持稳定的姿势。这有助于确保正确的击球技术和提高击球的准确度。

2. 提高挥拍速度

手腕是使球拍运动的重要部分，手腕力量的增加可以帮助球员加速球拍的运动。通过更强大的手腕力量，球员可以在击球瞬间使球拍速度更快，从而增加发球的威力。

3. 缓解手臂压力

发球时，手臂会承受来自球拍的冲击力。强健的手腕力量可以帮助缓解手臂压力，减轻关节和肌肉的负荷，降低受伤的风险。

第三节 随击球和反弹球中的技巧与力量

随击球和反弹球属于综合式的击球技术，是高级击球技术的组成部分。需要掌握了网球的基本打法与战术的运动员进一步考虑的就是如何提升自己的技术，提高竞赛水平。如果掌握了随击球、反弹球等的打法，那么运动员的网球技术将会被提高到一个新水平。

一、随击球策略

随击球打法是没有特定规范的打法之一。当运动员准备从后场冲上网时，它又是几种可能的击球方法之一。有人说，随击球是上网前一板，是位于端线和发球线之间的击球，这是有道理的。随击球基本动作如图 5-1 所示。

图 5-1 随击球基本动作

(一)技巧要求

1. 及时向前移动

当对方的来球是在发球线附近落地弹起时,这是上网的好机会,应及时向前移动,进入内场。一面跑一面后摆球拍,准备动作和一般的正拍击球或反拍击球一样。由于进场的距离较短,没有必要做充分的后摆动作,此时应注重准确性和稳定性,不要盲目用大力去击球。

随击球直接得分的机会较少,主要目的是把球打到对方深处的薄弱点上,给对方制造接球的困难,从而为自己创造一个能在网前截击得分的有利形势。

2. 侧身对球,动作简捷

随击球的理想打法是运用自己得心应手的打法。如果平时善于打反拍或正拍的平击球,随击球的打法也应如此。如果不善于打切削球,那么运动员就不必去改变随击动作。

当球飞来时,应及时侧身对球,以简捷的动作去击球。击球时身体重心随着球的降低而前移跟进,以便使球拍流畅且受到控制地送出去。侧身对球动作如图5-2所示。

因为面对上网随击球会有许多压力,所以没有时间考虑安全率高的打法,只能用简捷的动作、拿手的打法去完成随击动作。

图 5-2 侧身对球动作

3. 向击球的方向随挥

随击球的关键是落点,对心理的要求是稳定。假如对方在端线后面,就应把球打到弱区,使对方回球困难,给自己制造网前直接得分的机会。

在随击球瞬间,应使球在球拍上的时间尽量长一些,同时,随着击球的方向做随挥动作,随挥动作要充分,但不要转体,避免球打得过斜。球拍应在身体另一侧结束随挥动作。同时要面对球网,看着离去的球,身体重心随着击球的惯性向网前移动(见图5-3)。

图5-3 随击球中的身体移动

4.注意封网

在随击球打完之后,应注意封网。封网的位置应根据球在对方场地的落点而定。

在随击球打完后,先移动到球网和发球线之间的位置上,如果球打在对方的场地中间,封网的位置则是站在中线上。如果随击球打在对方角上深区,则应离开中线,封住对方可能回击的角度。例如,随击球落在对方反拍区(对方是右手握拍),自己应移动到中线右边一点,处于对方回击范围的中间,这样就会以最短的移动距离来封对方的回击。

随击球的要点在于保持眼睛看球,特别是在上前迎击球时;快速举拍后摆,但后摆的幅度要小;早击球,打上升球,把球打到对方的深区。

(二)力量练习

1.基本击球动作的强化

随击球通常需要运动员从底线移动到前场,因此运动员需要具备稳定的击球动作。练习基本的正手和反手击球动作,确保以稳定的方式准确地击球。

2.腿部力量训练

随击球需要较强的爆发力和快速移动能力。进行腿部力量训练,例如深蹲、跳跃和快速冲刺训练,有助于增强运动员的下肢肌肉力量和爆发力,让其在比赛中更快地移动到前场。

3. 核心力量训练

核心力量对于稳定身体姿势、支持上半身非常重要。进行核心力量训练，如平板支撑、仰卧起坐和船式动作，有助于运动员在击球时保持身体稳定。

4. 上半身力量训练

随击球需要运动员有足够的上半身力量来控制球的方向和速度。进行上半身力量训练，如俯卧撑、哑铃肩推和引体向上，有助于增强运动员的肩部、背部和手臂的力量。

二、反弹球策略

反弹球是一种难打而又微妙的击球技术，通常是用来回击对着脚下打来的球，或在上网时来不及回击空中球而被迫还击刚从地面弹起的低球的。这种球往往出现在双打比赛中或在单打上网的途中，一般是在发球线和端线之间的无人区内。

（一）技巧要求

1. 准确把握打反弹球的时机

有观点认为，反弹球是对手硬塞给运动员的一种刁球，既不能早些凌空截击，也不能晚些作为落地球来打，只能停下来打反弹球，这是很准确的概括。

用反拍或正拍打反弹球都是很难的，但是在正拍一边打反弹球还是比较舒服的。不论采用哪种方法，在打反弹球时都要把注意力集中在找准击球的时机上，这一点非常重要，所以要专心地看球，若能看到球接触到球拍更为理想。要准确地把握打反弹球的时机，还必须注意早些停住身体并使球在体前跳起，在膝前击球。要尽量使球与球拍的接触时间长一些，并做简短的跟进动作。

2. 侧身转体，低重心击球

打反弹球的要求是到位、转体、下蹲、看球，以协调的动作击球。对待脚下的反弹球，要尽量下蹲，甚至用膝盖触及地面来回击球，或以屈膝状态在身前挥拍向上击球，并随球跟进（见图 5-4），但跟进动作不宜太大，能达到引导出球方向就可以了。

图 5-4 反弹球中的侧身转体

当侧身转体击球时，球拍后引动作要小，向前挥拍时拍头向上，拍面稍向后仰，应避免把球挑得过高，给对方造成扣杀的机会。在侧身转体时，肩膀几乎和来球的飞行路线平行，重心移至后脚，在击球的瞬间重心前移，以提高球速。

正确的反弹击球必须使球拍靠近地面，以便在球弹起时立即击球。但需要注意的是，在球拍接近球时，拍柄与地面略平行。如果在击球时重心不下降，那么拍头就会下垂，球就会被从下面向上舀起来，而不是打在球的后下部使球过网。舀起来的球过网较高，这又会使对方有充分的击球准备，使自己处于被动地位。

3. 加长球和拍的接触时间，将球提拉过网

在打反弹球时，手腕要绷紧，拍柄和地面平行。尽量做到在前脚前面击球，手臂微微向上带球过网，并尽量使球与球拍接触的时间长一些，以便较好地控制球。在击球时，应尽量使身体成下蹲姿势，球拍向前上方挥出，将球提拉过网。将随挥动作做得充分一些。

（二）力量练习

1. 手腕力量训练

网球中的反弹球技术需要有良好的手腕力量，以控制球拍并使球产生旋转。使用手腕力量器械进行练习，如使用手腕卷曲器或弹力带进行练习，可以帮助运动员增强手腕力量。

2. 肩部稳定性训练

网球中频繁的挥拍动作需要肩部具有良好的稳定性。进行肩部稳定性训练，如肩部稳定性球训练、肩部平衡器械训练等，可以帮助运动员增强肩部

肌肉的力量。

3. 爆发力训练

反弹球技术需要运动员在产生爆发力的同时保持对球拍的控制。进行爆发力控制训练，如爆发力挥拍训练等，可以提高运动员在高速运动中的控制能力。

参考文献

[1] 陈祥慧、胡锐、张保华编著:《网球运动理论与实践》,中山大学出版社 2021 年版。

[2] 李欢:《网球运动的教学与训练实践研究》,电子科技大学出版社 2020 年版。

[3] 韩飞:《网球运动训练技巧与管理方法研究》,中国原子能出版社 2020 年版。

[4] 王锋编著:《网球运动实用教程》,天津科学技术出版社 2019 年版。

[5] 杜宾:《高校网球运动教学理论分析与方法创新研究》,吉林大学出版社 2021 年版。

[6] 栾丽霞主编:《网球运动教学与训练》,华中科技大学出版社 2021 年版。

[7] 张雨刚:《高校网球运动文化建设与技能教学研究》,吉林大学出版社 2020 年版。

[8] 王泽刚主编:《网球运动实训教程》,武汉大学出版社 2016 年版。

[9] 易春燕主编:《中国网球运动发展研究》,河南大学出版社 2014 年版。

[10] 顾伟农编著:《网球运动入门》,广东科技出版社 2002 年版。

[11] 朱苡婷、赵祉淳:《田径训练与网球训练之间的关系》,《文体用品与科技》2022 年第 12 期。

[12] 王帅、郭立亚:《身体功能性训练在高校网球训练中的创新应用研究》,《文体用品与科技》2022 年第 16 期。

[13] 李翔、贺沙:《核心力量训练对大学生网球运动员反手击球技术的影响》,《体育视野》2023 年第 6 期。

[14] 林泰甫:《"软梯训练"在高校网球训练中的运用》,《网球天地》2023 年第 3 期。

[15] 桑裕:《核心力量训练在高校网球训练中的应用》,《网球天地》2022 年第 12 期。

[16] 宫朝铭:《网球发球技术要点与训练研究》,《网球天地》2022 年第 12 期。

[17] 黄兆辉、吕中凡:《上旋发球技术创新在网球训练中的应用研究》,《运动精品》2022 年第 11 期。

[18] 肖斌:《网球训练中专项体能训练研究》,《网球天地》2022 年第 10 期。

[19] 毛珂:《网球训练中墙球练习的作用研究》,《网球天地》2022 年第 9 期。

[20] 黄祥富:《浅析如何通过系统的训练来提高网球技术》,《拳击与格斗》2021 年第 12 期。

[21] 刘磊:《透过场地变迁看网球大满贯赛事发展》,《新体育》2021 年第 24 期。

[22] 骆亮、李品芳、陈建才:《2020 年澳大利亚网球公开赛女子双打截击技术应用特征研究》,《安徽体育科技》2021 年第 6 期。

[23] 谭冬平、许荣广、姜小丽:《分层递进、赛教融合:高职院校网球专项课教学模式创新》,《体育师友》2021 年第 6 期。

[24] 廖冰源:《体育产业数字化对业余网球赛事发展的影响》,《江西电力职业技术学院学报》2021 年第 12 期。

[25] 徐振会:《背景干扰效应在网球发球实训中的应用与研究》,《北京印刷学院学报》2021 年增刊第 2 期。

[26] 刘唱、朱丽红:《"体育强国"战略背景下普通高校网球教育的发展研究》,《内江科技》2021 年第 12 期。

[27] 魏伟:《试论网球教学方法改革与创新》,《冰雪体育创新研究》2021 年第 24 期。

[28] 何瑶:《体教专业网球专项学生兼职情况调查研究》,《冰雪体育创新研究》2021 年第 24 期。

[29] 向艳梅、姚立:《运动环境对网球运动员赛场发挥的影响及应对策略》,《中国体育教练员》2021 年第 4 期。

[30] 白振涛:《世界男子网球竞技格局及我国男子网球竞技实力》,《中国体育教练员》2021 年第 4 期。

[31] 龚希丹:《中国网球巡回赛对高校网球文化建设的影响及未来展望》,《中

州大学学报》2021年第6期。

[32] 高珑:《高职院校网球运动教学方法改革创新路径探索》,《知识文库》2021年第24期。

[33] 李俊:《羽毛球与乒乓球和网球项目准备活动差异性分析》,《当代体育科技》2021年第35期。

[34] 谢罗希、王三保:《竞技网球制胜因素的训练学诠释》,《广州体育学院学报》2021年第6期。

[35] 谭浩:《武汉网球公开赛可持续发展的SWOT分析》,《文体用品与科技》2021年第24期。

[36] 吴涛、李新月:《"俱乐部+校园"网球运动融合发展研究》,《文体用品与科技》2021年第24期。

[37] 潘能、袁际学:《U12网球二级运动员竞技能力结构模型的研究与构建》,《冰雪体育创新研究》2021年第23期。

[38] 甘开国:《高校大学生网球教学技术动作难点及教法探讨》,《冰雪体育创新研究》2021年第23期。

[39] 冷纯涛:《网球正手技术易犯错误和纠正方法》,《冰雪体育创新研究》2021年第23期。

[40] 冯雯静:《网球学困生转化问题研究》,《成才》2021年第23期。

[41] 卢泽宇、孟令刚、黄剑:《中国网球公开赛发展现状及对策研究》,《安徽体育科技》2020年第6期。

[42] 王亚莹:《中外青少年网球选手培养模式的比较及启示》,《安徽体育科技》2020年第6期。

[43] 赵明楠、李雨阳:《世界女子网球职业赛事空间格局演变与影响因素研究》,《四川体育科学》2021年第6期。

[44] 边金玉:《高校网球俱乐部训练若干问题的探讨》,《拳击与格斗》2021年第12期。

[45] 黄祥富:《浅析如何通过系统的训练来提高网球技术》,《拳击与格斗》2021年第12期。

[46] 桓仁:《天天有网球举办 网球运动与区域经济融合发展研讨会》,《网球天

地》2021 年第 12 期。

[47] 深泽:《盘点 2021 年中国网坛十宗最》,《网球天地》2021 年第 12 期。

[48] 鲍勃:《刘建新 青岛网球的领路人》,《网球天地》2021 年第 12 期。

[49] 提格诺、黄子麟:《美国网球之问》,《网球天地》2021 年第 12 期。

[50] 栾文涛:《利用游戏参与教学方式提高网球教学效率》,《网球天地》2021 年第 12 期。

[51] 葛聪:《浅析高校网球高水平运动员专项有氧能力及其训练方法》,《网球天地》2021 年第 12 期。

[52] 廖健羽:《网球运动美学的价值探析》,《网球天地》2021 年第 12 期。

[53] 沈大海:《循环训练法在青少年网球训练中的应用》,《文体用品与科技》2021 年第 23 期。

[54] 陈海丽:《利用网球墙提高网球技术的实用方法探究》,《新校园》2021 年第 11 期。

[55] 周贤彪、王莉:《我国网球教学方法的总结与概述》,《当代体育科技》2021 年第 33 期。

[56] 赵泓羽、李荣日:《全民健身网球赛事参与动机对行为意向影响的理论模型与实践样态》,《沈阳体育学院学报》2021 年第 6 期。

[57] 门甲、李士瑞:《录像反馈法在陕理工体育专业网球课程教学实验研究》,《冰雪体育创新研究》2021 年第 22 期。

[58] 邓罗平、梁湘琼、院志雄:《高校网球场馆学生满意度提升路径研究》,《当代教育理论与实践》2021 年第 6 期。

[59] 王尧:《空间定向能力对网球初学者底线击球效果影响研究》,《体育视野》2021 年第 22 期。

[60] 边金玉:《多球练习法在网球教学中的应用分析》,《体育视野》2021 年第 22 期。

[61] 关伟杰:《新体育课程改革下高校网球教学模式探析》,《当代体育科技》2021 年第 32 期。

[62] 李金川、陈玉群、向甫勇:《武汉网球公开赛发展状况的 SWOT 分析及对策研究》,《当代体育科技》2021 年第 32 期。

[63] 李高华、张兰:《创客教育背景下高校网球公共课教学中的微课设计策略》,《运动精品》2021年第11期。

[64] 唐林芳、徐席斌:《网球发球技术的提高途径探究》,《文体用品与科技》2021年第22期。

[65] 吴涛:《青少年网球运动普及与推广策略分析》,《文体用品与科技》2021年第22期。

[66] 潘越、丁强:《高校体育专业网球专项课学业成就评价标准的构建》,《浙江体育科学》2021年第6期。

[67] 薛嵩剑:《步法训练在高校网球教学中的应用策略》,《冰雪体育创新研究》2021年第21期。

[68] 黄超:《核心力量训练在网球运动中的研究进展》,《体育风尚》2021年第11期。

[69] 张婵:《职业网球运动员培养模式研究》,《体育风尚》2021年第11期。

[70] 耿琳:《高校网球公共体育课课程思政教育探究》,《体育风尚》2021年第11期。

[71] 刘永桂、秦富星:《纳达尔法网决赛中的技战术统计分析》,《体育科技文献通报》2021年第11期。

[72] 邱晓磊:《新生代优秀男子网球运动员硬地赛事相持阶段技战术运用研究》,《兰州文理学院学报(自然科学版)》2021年第6期。

[73] 陈经城:《新时代我国网球运动产业化发展路径研究》,《广州体育学院学报》2021年第5期。

[74] 潘越、陆雯:《教练员领导行为与网球运动员运动成绩的关系:群体凝聚力与训练比赛满意感的链式中介效应》,《辽宁体育科技》2021年第6期。

[75] 边金玉:《大学生网球运动专项身体素质训练重要性的探讨》,《大众标准化》2021年第21期。

[76] 康华养:《高校网球步法训练的实践研究》,《拳击与格斗》2021年第11期。

[77] 周晨:《我国网球双打选手体能分析》,《拳击与格斗》2021年第11期。

[78] 徐振会:《新时代体教融合背景下高校网球教学改革策略分析》,《当代体育科技》2021年第31期。

[79] 马蔓荻:《体教融合视角下南宁市普通高校网球运动发展研究》,广西民族大学 2022 年硕士学位论文。

[80] 董功武:《动态分层教学法在高校网球选修课教学中的应用研究》,江西科技师范大学 2022 年硕士学位论文。

[81] 付笑笑:《专业网球运动影响青少年人格塑造的研究》,南昌大学 2022 年硕士学位论文。

[82] 周楠翔:《我国软式网球运动发展困境及对策研究》,中国矿业大学 2022 年硕士学位论文。

[83] 汪梦洋:《网球运动员指长比与运动能力之间的关系研究》,哈尔滨体育学院 2022 年硕士学位论文。

[84] 张玲云:《网球辅助训练器在初学者教学中的实验研究》,北京体育大学 2021 年硕士学位论文。

[85] 唐应娟:《网球运动的美学特征及审美价值的初步研究》,成都体育学院 2021 年硕士学位论文。

[86] 朱悦漾:《体教融合背景下我国青少年网球赛事体系研究》,武汉体育学院 2021 年硕士学位论文。

[87] 王珊:《网球竞赛规则的演变对网球运动影响的研究》,天津体育学院 2021 年硕士学位论文。

[88] 刘亚涛:《组合性多球训练在体育院校网球专项教学中的实验研究》,武汉体育学院 2023 年硕士学位论文。

[89] 韩林桐:《中国网球女子单打发球阶段技战术运用研究》,鲁东大学 2021 年硕士学位论文。

[90] 李庆贺:《网球、羽毛球、乒乓球运动员灵敏素质构成因素的模型构建与比较研究》,上海体育学院 2022 年硕士学位论文。

[91] 程宁越:《复合式训练对男子网球运动员移动能力影响的实验研究》,天津体育学院 2022 年硕士学位论文。

[92] 张文怡:《弹力带组合训练对提高体育院校网球专项学生教学效果的实验研究》,西安体育学院 2022 年硕士学位论文。

[93] 杜东:《网球多球训练刺激目标的位置适应性研究》,广西师范大学 2022

年硕士学位论文。

[94] 李灿雅:《普及与提高并举,推动网球运动发展》,《克拉玛依日报》2024年3月27日第A06版。

[95] 刘旺:《郑钦文成绩再刷新 网球运动商业价值攀升》,《中国经营报》2024年2月5日第D03版。

[96] 李远飞:《中国男子网球不断实现新突破》,《北京日报》2023年12月16日第7版。

[97] 丰雷:《中国网球新生代快速成长》,《长春日报》2023年2月22日第5版。